HOW TO BE A
MIDDLE MANAGER

中层经理怎样当

薛灿宏◎著

角色定位篇

经济日报出版社

目　录

CHAPTER 1

第一章

中层经理如何定位

Training House 创始人斯科特 · 派瑞（Scott Perry）使用管理才能评鉴（MAP）系统来测试企业管理者的综合能力。在中国，通过对累计 7000 名企业中层的测试得出：与欧美及东南亚地区的中层经理相比，中国中层经理的沟通能力及领导能力普遍低于认知能力及工作能力。

中层应该怎样定位

无论再大的企业，还是再小的公司，都可以简单地分为三个层面，即高层领导、中层经理和基层员工。这个层级与汉堡很相似，上面一块面包，下面一块面包，中间是生菜、牛肉、奶油组成的夹心。上面一块面包就相当于企业的高层领导，下面一块面包相当于企业的基层员工、一线操作人员，而中间的生菜、牛肉、奶油就相当于中层经理。

这样划分以后，每一个层面上的人都有了自己的职责定位及工作任务。高层领导主要解决决策力的问题。第一是产品决策，决定做什么事情，做什么项目，目标在哪里；第二是制度决策，企业是由人组成的，我们的游戏规则如何；第三就是人才决策，用什么人，怎么用。

基层员工解决的是行动力的问题，踏踏实实地一点一滴地去做。这就是基层的行动力。

中层经理主要解决的是执行力的问题。执行力这个词本身是很虚幻的，在这个组织机构里面，它有特定的含义。执行力就是三个字——做到位。根据高层领导提出的愿望、想法，通过中层经理去消化、分解，然后付诸基层员工的行动，直至转变为现实，最终达成目标。这就是中层经理的执行力。

每一个层面上的人都有自己的工作任务，不能错位，如果错位，这个企业就搞不好。我们企业经常会出现中层经理不得力，做事情不理想，董事长、总经理很着急，一着急就冲下来，就把中层经理的事情做完了；中层经理没活干，一看基层员工不顺眼，中层经理就冲下去，把基层员工的活干了；基层员工没活干，就在车间喝着啤酒，一边喝一边讲公司的战略应该如何制定。这就是一种错位。

那么，中层经理是怎么来的？是因为企业的高层、董事长或总经理没有时间，没有精力或不适合具体从事某项工作，然后才产生中层经理。换句话说，中层经理的产生是有它的需求和它的背景的。如果一个老板不想做大，小富即安，就想挣一点小钱，公司也就这个样子了。在这种状况下，几乎不会产生严格意义上的中层经理。只有当老板迫切地想把企业做大，在这样的愿景、这样的需求下，才会产生严格意义上的中层经理。

案例

一个做豆腐的个体户，晚上很努力地做了一筐豆腐，第二天挑到大街上去卖，卖得很好，挣钱了，老板就想能不能挣多一点。于是他晚上回来通宵达旦地做了三筐豆腐，第三天又到大街上去卖，三筐豆腐又卖完了，又挣了一些钱。但他对这点钱还不满足，还想做大。这时候仅仅自己做已经不够了，因为凭自己的能力通宵达旦，也只能做三筐豆腐。于是他找来一帮人，让那一帮人帮着自己做。这一帮人来了以后，自己不可能全天24小时盯着每一个人，于是他就找来一个代理人，这个代理人受他的委托来管理这一帮做豆腐的人。这时候生产部和生产部经理就产生了。

有了这么多人做豆腐，生产已经不成问题，那么销售也不可能是一个人去卖。这时候老板又找了一帮人过来，组成一个销售团队。有了销售团队以后，总得再找一个人来，代表老板管理这些销售人员，这时候销售部和销售部经理又产生了。

随着规模的扩大，现金流动逐渐多起来，这时候财务部和财务部经理又产生了。随着生产量的扩大，黄豆的需求量也越来越大，哪儿去买到更多更便宜的黄豆呢，于是采购部和采购部经理又产生了。而企业做出来的豆腐怎么能够与众不同，在市场上怎么能够有更大的销量呢？这时候要进行技术改良和创新，于是技术部和技术部经理又产生了。也就是说，企业的老板不断地想做大，企业的总经理、董事长不断地想把事情做得更好，中层经理才应运而生。

综上所述，中层经理就是在企业当中从事经营管理活动，将所在经营管理部门的成功，所在企业的成功，视为自己人生成功的专职管理人员，又叫中层经理。改革开放以后，中层经理随着中国市场的发展，目前已经逐步成熟，环境变得越来越好。

在企业里面，中层经理绝大多数仅是中层经理，而即使他们拥有公司的股份，也只有在开股东大会的时候才有话语权。平时在企业的日常管理工作中，他们还是以中层经理的身份存在，所以在工作当中，还应该是中层经理，而不是以股东的身份在讲话。比如有一些小企业里面的老板娘，本是会计，却跑到销售部、采购部、车间指手画脚，其他人就无所适从。所以企业在逐步完善、规范化的过程当中，每个人都要搞清楚自己的定位。

中层经理四种错误的角色定位

在现实生活当中，有些中层干部不自觉地就走到一些错误的位置上去。

1. 把自己当成群众领袖

比如说做上中层经理以后，手下的人对你都很尊敬，也很信赖，有什么问题都来向你请教，有什么困难也来请你帮忙。你一看，弟兄们对自己如此拥戴、如此信任，就感觉自己既然是他们的头儿，就要为弟兄们撑腰，为弟兄们说话。我不为他们讲话，为谁讲话呢？人生得一知己足矣，更何况他们对我这么好！

然后开始处处为弟兄们讲话，处处为弟兄们撑腰。弟兄们讲了，我们工作时间是不是太长了？一周工作 5 天，能不能工作 4 天？好，没有问题，弟兄们，我去帮你们讲。你跑到总经理那儿去，“总经理，我们的工作时间 5 天是不是太长了，是不是可以考虑工作 4 天？”

手下的人又说了，我们的工资也太低了。你一听，没关系，我去找总经理理论理论，这种事我不讲谁来讲？“总经理，我们的员工虽然收入也不错，目前不算清苦，但是离小康的水准还有一段距离，看看能不能上调 50%？”

或者有一些弟兄讲了，我们长年累月地工作太辛苦了，能不能安排我们出去旅游休假。你一听，没问题，这个我去跟老板讲：“老板，您看看我那些工人，每天多辛苦。您看今年冬天能不能安排我们到哈尔滨去滑雪，明年夏天我们是不是到海南岛去游泳？这件事情您董事长、总经理要考虑的，您不考虑，我对我的弟兄们交代不过去。”

你自觉不自觉地把自己看成了什么？群众领袖，民意代表。你成了弟兄们的领袖了，成了员工的代表了。而事实上你是不是群众领袖、民意代表呢？

领袖是怎么来的？领袖是大家选举出来的，民意代表是大家推举出来的。你能坐到这个位置，是不是大家选举出来的？大家选举张三做我们部长，大家推举李四做我们的经理，有没有这样的？几乎没有。

你是部长也好，经理也罢，确切地讲都是任命的！是总经理任命你的。所以你该对总经理负责！你不是群众领袖，也不是民意代表，你不要把屁股坐到别人的板凳上去。

2. 把自己当成一方诸侯

有一些中层干部可能做的时间稍微长一点，做了三五年了，资格也比较老，再看手下的这帮人，都是我当初引进来的，我当初手把手地把他教会的。今天这个部门运作得非常流畅，自己在这个部门里面，有崇高的威望、至高无上的地位、绝对的权威。在这个部门里面，只有我说了算。没有我，这个部门就不可能走到今天。确切地讲，没有我，就没有这个部门。然后你就开始膨胀、膨胀、无限膨胀，认为这个一亩三分地是我的。只有我讲的话算数，其他的任谁来讲都没用，总经理来讲也没用。总经理没有我懂，这个里面只有我懂。这显然是非常危险的。

非常危险，不仅仅是一点点危险。

年羹尧是清朝雍正皇帝的大臣，他还是雍正皇帝的大舅子。雍正能够坐到皇帝的位置上去，确切地讲年羹尧出了很大的力。雍正做了皇帝以后，年羹尧位高权重，手握重兵。有一次检阅御林军，雍正皇帝指挥军队说："向前走！"军队一动不动。雍正皇帝奇怪了，接着下命令："向后退！"还是一动不动。雍正皇帝感觉到更奇怪，问年羹尧，我给他们下命令，他们怎么不听呢？年羹尧说："我是他们的统领，他们只听我的！"接着年羹尧下令："向前进！"唰，向前进！"向后退！"唰，向后退！没过多长时间，年羹尧就被雍正皇帝干掉了。能不把你干掉吗？这还得了？只听你的不听我的，雍正皇帝是总经理、董事长，年羹尧再大再强，不过是部门经理，他怎么能超过皇帝呢？所以说做人千万不要太膨胀。

某种意义上说，作为部门经理，今天总经理可以任命你，明天就可以罢免你；今天总经理可以任命张三做这个部长，明天就可以任命李四来做。所以说谁对谁负责，这个问题一定要明白。

听说你是善将兵的群众领袖？
可皇上善将中层啊！
韩信
刘邦

3. 把自己当成劳动模范

另外，在实际工作当中，有一些中层干部还容易犯一个错误。总经理把你提拔起来，你感激涕零、感恩戴德，发誓要努力工作，好好地报答总经理的知遇之恩。你每天早上第一个来，晚上最后一个离开，什么事情都是兢兢业业、勤勤恳恳、埋头苦干，把自己当成劳动模范、生产标兵来要求，但是不管其他人了。

总经理一看，整个部门的任务老是完不成，目标老是不能实现，就生气了，叫张三过来："你这个部长怎么当的，怎么任务老是完不成呢？"张三好像还很委屈："总经理，您看我早上第一个来，晚上最后一个走，什么事情都亲自动手，兢兢业业，勤勤恳恳，鞠躬尽瘁。您还要我怎么样？"要你怎么样？要你做管理呀。你不要搞错，把你提拔起来是要你做管理的。你把自己搞得累个半死，但是你部门的目标没有实现，还是没有用。一定要调动部门里其他人的积极性，不要让有的人忙死，有的人闲死，让大家都能有计划、有组织地工作，这才是中层干部应该做的事情，而不仅仅是自己做劳动模范、生产标兵。你真的鞠躬尽瘁，死而后已，确切地讲只能算一个好员工，怎么能算是一个好干部呢？

你把自己忙出了高血压，忙出了心脏病，忙出了半身不遂，活该！你真正有本事，让你的员工一个个忙得热火朝天，忙得团团转，那你这个部门的目标，你说能不能实现？

所以，管理是调动其他人的积极性的问题，决不仅仅是出一个劳动模范、生产标兵的问题。

4. 把自己当成小兵一个

另外，还有极少的一部分人，境界更差了，非但不知道如何管理，而且对总经理、对上级不懂什么叫知遇之恩，没有感恩的心，总认为当个部长、经理，就是当着玩儿的，好玩儿，无所谓。仍把自己当作自然人，自然人就是本性的自然流露，想怎么做就怎么做，没有把自己的职位、那个芝麻大的官当回事。如此操作，在工作中就一定会有问题出现了。

打个比方，公司里面新招了两个大学生，放到你的车间里面锻炼。“张主任，这两个大学生交给你车间。”你作为主任，一听便说：

“好，没问题，来吧。”到了车间里面，你给介绍一番，讲完了以后问两个大学生：“你们怎么到我们单位来了？我们单位已经三个月没发工资了。”两个大学生一听，下午就不来了。那还来干什么？自己的直接领导车间主任都讲了，三个月不发工资了，我们还来干吗？

像三个月不发工资这样的事情，普通员工是可以讲的，而中层干部是不能讲的。为什么不能讲？因为你是中层干部，不是普通员工。对于普通员工，即使有一些不良的影响，那也是有限的，而作为中层干部是不一样的，你的影响力巨大。在下面的人员心目中，你就是公司的形象代表，你就是公司老板的化身。

确切地讲，在企业里面，好消息、正面的消息，中层干部可以大张旗鼓地向下宣扬。

我们公司的产品出口到了美国；我们的产品被国家质检总局定为免

检产品了；我们的产品在成都又拿了一个几个亿的大订单。诸如此类的好消息，直接向下讲："告诉大家一个好消息。"这些话是好讲的，鼓舞人心。但是遇到坏消息呢？

我们的产品在美国被扣了；我们的产品被国家质检总局定为不合格产品了；我们的产品在成都出了一个大的事故……这种话能不能讲，能不能瞎讲？你跑过来跟张三讲："张三，告诉你，又出事了。"李四："又有问题了。"能不能这样讲？不能讲。

遇到有坏消息了，怎么办？跟领导讲："总经理，我听说好像有一个什么事情，有没有这回事？是不是要慎重？我们怎么对员工讲？"这样才是一个合格的管理者。

所以有一种说法——屁股指挥脑袋。什么叫屁股指挥脑袋？

就是你坐在哪一条板凳上，说哪一条板凳的话。这就是所谓的人在江湖身不由己。

你要明白，不是自己想怎么做就能怎么做的。

你的下级迟到了，违反了公司制度，罚款100元。被罚的张三就在那儿嘀嘀咕咕："难得迟到一次，还要罚掉100元，真倒霉。这个公司的制度太不像话了，一点都不以人为本，太不人性化了。"你听到他的嘀咕，感觉这100元好像是罚得多一点，但是能不能在张三的面前流露出来？你如果流露出来："对，这个100元罚得是多了一点，公司太没有道理了，公司太不人性化了。"如果你这样一讲就坏了。总经理瞎眼睛了，怎么会找你这样的人做经理、做部长？

你即使认为在处理张三的问题上，公司可能有一点偏颇，你应该跟谁去讲？跟你的领导去讲，“这件事情是不是可以……”你不可以在下级面前流露出负面情绪，人在江湖身不由己，这就是规则。

所以说在企业里面有很多的明规则，写在墙上的制度是明的，也有很多潜在的规则、暗规则。实际上我们今天探讨的很多东西都是潜规则，都是后面的东西，平常在管理文件上是看不到的。

中层经理的身份

作为中层经理，具体的身份是比较复杂的。

在领导面前你是下级，你是命令的执行者；在下级面前，你是公司的形象和代表。受上司的委托，你管理这个部门，同时你和其他部门经理之间是互相配合、互相支持的关系。在公司决策方面，你是情报的提供者和支持者。

看起来身份非常复杂，实际上最根本的一点——你是企业文化的传播者和建设者。这一点是作为中层干部、管理者的最根本的定位。

什么是企业文化？说到底它不是高不可攀、深不可测的东西。企业文化就是企业的生存方式，企业文化就是我们企业的风俗习惯。我们这个企业有什么样的行为方式，就有什么样的企业文化。有的老板爱喝酒，下面的员工个个爱喝酒，这就是企业文化；有的老板爱吹牛，于是下面的员工个个爱吹牛，这也是企业文化。每个企业都有自己的文化。

企业文化的缔造者、总设计师是总经理、董事长，但是企业文化要成为一种风气、一种传统，一种约定俗成的力量，是靠中层干部去做的。

我们的总经理讲，我们要注意成本、要节约，要有成本的观念，那么你作为中层干部，就要赶快去关好每一个水龙头，赶快去拾起每一颗螺丝钉，赶快把每一张纸都能正反面用，这就是一个优秀的中层干部。你把总经理讲的那一句话变为具体行动，这就是企业文化的传播、企业文化的建设。

日本的企业文化确实很厉害。日本的丰田公司要求每一个员工都要热爱自己的产品，它这个文化真的是非常深入，每一个员工都能做到热爱自己的产品，热爱丰田车。

有一个丰田公司的老员工，他的女儿大了，谈了恋爱。她第一次把男朋友带到家里来，未来的老丈人，也就是丰田的老员工，跟未来的女婿谈话。他觉得挺好，就跟未来的女婿谈条件了："你将来和我的女儿结婚，我也没有什么其他要求。成家以后，如果想买车，一定要买丰田车，不可以买人家的车。"

热爱自己的产品，这种企业文化真的深入人心。

还有一个故事，说有个人开了一辆丰田车，到一个地方去办事。车往那儿一停就办事去了，办完了回来一看，有一个老头在帮他擦车。老头擦车擦得很仔细，他以为这个老头是擦车工，就问他你擦这辆车多少钱，是5块还是10块？谁知老头跟他说，我不要你的钱。

"不要我的钱，你干吗擦我的车？义务劳动？"

"我是丰田的老员工，你怎么可以把丰田车开得这么脏？"

作为一个丰田的老员工，老人已经退休了，他对待丰田车居然有如此感情。

某种意义上讲，企业文化不是总经理提出来就完成的，是要靠中层干部去传播、建设的。

中层经理的三重境界

1. 第一重境界　做经理

就是你亲自打拼。比如派你到西安去成立西安分公司，虽然你是西安分公司的经理，但是没有一兵一卒。你可能要亲自去买第一张办公桌，亲自去装一部电话，跟第一个客户去洽谈，接着发单、订货。诸如此类的所有事情，都得由你去完成，谁也帮不了你。

虽然你是中层经理，但是必须由你自己打拼，亲力亲为，打冲锋。

2. 第二重境界　坐经理

比如你是西安分公司经理，现在你做得不错，手下有了 10 个兵。从这时候开始，你不仅仅是自己去做业务了，你要为他们定目标，给他们安排任务，教导他们如何做得更好。

坐经理，顾名思义，要坐下来设计管理表单，坐下来设计制度，坐下来开始搞纸上的东西。

3. 第三重境界　作经理

你这个西安分公司搞得很大了，已经扩大到 200 个人了，业务蒸蒸日上、欣欣向荣。这时候可能不需要你从事某项具体业务，你也不用再坐在那儿设计表单、设计制度了。一套流程已经非常流畅了。

你实际上是作为一个主心骨存在，或者说作为一个精神领袖存在。什么叫精神领袖？就是由于你的存在，这个团队就有发展的目标，由于你的存在，这个团队就有方向，由于你的存在，这个团队就充满着活力。精神领袖、精神支柱，这是第三重境界。

一个成功的中层经理大致要经历这三个阶段、三重境界。这三个阶段也是一个从奴隶到将军、从士兵到元帅的过程。如果说你不经历前两个阶段，第三个阶段是不可能达到的；甚至你不经历第一个阶段，直接进入第二个阶段都有问题。

当然，对于世界级的大企业可能会不太一样，像杰克·韦尔奇可能不懂飞机发动机工作的原理,但照样当通用的CEO,因为他对管理非常懂。而对我们中小企业来讲，不懂基层工作，直接从事管理是不现实的。

中层经理的三大职责

1. 第一个职责：承上启下

这是上下思维，承上启下不仅仅是上传下达。

上传下达太简单了。总经理说下午开会，我去跟员工讲下午开会，这就是上传下达。而承上启下是什么？总经理说下午开会，我把人员通知到位，把会场布置到位，确保大家把会议精神贯彻到位。

总经理有一个愿望，你要把具体结果拿出来，这才叫承上启下。

事实上在我们的实际工作当中，有一些中层干部是做不到承上启下的，甚至连上传下达都做不到。相反，有一些人喜欢耍阴谋，耍一点心眼儿，玩办公室政治，在领导面前一套，在下级面前是另一套，在领导和下级之间周旋得游刃有余，自以为就很成功，实际上是很让人讨厌的，也不利于个人发展。有的人甚至对上级隐瞒、出卖上司。

出卖上司这样的事情不稀奇。车间里不允许抽烟，一再讲不允许抽烟，但是有一天张三还在那儿抽烟。总经理恰好从这边看到了，非常生气。回到办公室以后，把车间主任叫过去："张主任，我早就一再重申，车间里不允许抽烟。你看看张三他居然还在那儿抽烟，而且被我看到了。这样的人还留在公司干什么？叫他下午5点钟之前离开公司。"

车间主任肯定要听总经理的，回到车间就把张三叫到面前来："张三，我怎么跟你说呢？你在哪儿抽烟不好，偏偏要在车间里抽烟；你什么时候抽烟不好，偏偏在总经理看到的时候抽烟。总经理说了，5点钟之前叫你离开公司，我也没有办法。"

那可怜的张三一听什么感觉？恨不得拎着两把菜刀，去找总经理拼命。

而你作为中层干部，可能还在庆幸自己完美地处理了一起纠纷，既没有得罪总经理，也没有得罪张三。

再比如李四来找你："张主任，我到公司工作三年了，而且是个大学本科生。和我同年进来的人都已经涨工资了，奖金都很多了。而我现在工资还没有涨。张主任，您看看是不是帮我解决一下？"

你一听，“好，我去问一下人力资源部。”

你跑到人力资源部，“经理，我车间有个叫李四的员工，来了三年了，大学本科生。大家都加工资了，他为什么不加？”

人力资源部经理一查档案资料，“李四这个人到公司三年，每个月的考核都在倒数，而且上次出了个事故还没有找他算账，据说在背后还经常发牢骚、讲怪话，这样的人是不能加工资的。”

你回到车间找李四，“李四，我跟你说为什么不给你加工资。是因为，第一，你到公司三年考核都在倒数；第二，你上次出的那个事故，还没找你算账；第三，据说你在背后老是发牢骚、讲怪话。所以不给你加工资。”

李四一听，卷铺盖回家吧，待在这个公司还有什么意思？公司对我印象这么差，我还赖在这个公司干什么？

出卖上司，是不是？

2. 第二个职责：承前启后

现在的企业，铁打的营盘流水的兵。随着市场经济的发展，职业经理人一茬一茬更换的现象是很正常的。如果一个企业的管理岗位上，长年累月都是老面孔，反而不正常。或者说，这样的企业缺乏活力，显得老态。因为只有让新鲜空气进来，一池水才能不腐。

作为职业经理人，要在自己的任期内确确实实为企业做一些贡献，干一点儿事情。主观上是为企业，其实客观上也是为自己。

承前启后是什么意思？就是把前面的那些老经理的经验、好的东西保留下来，保留也是自己不交学费但学到东西的过程。然后融入自己个性化的东西，把物质遗产和精神遗产再留给后面来的经理。

过了若干年，员工翻开公司的历史，有所评价，“我们的第三任生产部长非常厉害，他姓王。你看王部长，在他手上完成了工艺改造，提高了产品质量，提高了产品在市场上的竞争力，这个人不得了。”

或者有这样的感叹，“我们的第四任人力资源部部长很厉害，是个女的，安徽人，姓李。在她的任期内，公司制定了绩效考核的基本规则，完善了薪酬管理的基本模型。”

继往开来，留下自己的声音和足迹，这就是承前启后。所以说不要藐视你的前任，也要为后任留下一点东西。于你而言，有一种成就感。你会想起当年在做生产部长的时候，有过一番作为，同时为你的职业生涯走上更高台阶打下基础。

3. 第三个职责：承点启面

就是点面思维，或者叫平面思维。由你这个点带动整体。

你任销售部经理，非常能干，带动整个销售部的人都很厉害，在市场上冲锋陷阵，业绩一日千里，产品的市场占有率不断提高，产品的需求量节节攀升。这就迫使生产部提高效率，赶快改进工艺，扩大生产，保证供应。

由于你的努力，生产部被带动了，而生产部被带动以后，就促使采购部要适时地买回适质适价的好原料。

再比如你是人力资源部经理，或者是财务部经理，搞了 ERP 以后，原材料浪费大为减少，公司的工作效率提升。由于你这个部门的努力，带动了企业里其他部门的共同进步，这就是承点启面。

承点启面的反面，就是拖后腿。

我有一位朋友，他的企业做了七八年。刚开始两年，他说：“销售部是我心头永远的痛，产品质量没问题，生产能力没问题，就是销售人员的临门一脚踢不好，大量的订单眼睁睁地落入竞争对手的手中。”他花重金寻找高人、整顿队伍，不久，销售瓶颈被突破。可是旧痛刚去，新伤又来，市场需求大了，可生产能力跟不上了，于是他急急忙忙会同财务部，出去找资金、圈地、盖厂房。好不容易企业走上正轨，内部人事纠纷又浮出水面，创业员老摆资格、讲功劳、要待遇，看不起后来者，新人自以为是、盛气凌人；于是，老总和人力资源部经理彻夜长谈，苦思良策。

发展中的问题犹如身上的垢，无穷无尽。但作为负责任的中层经理，要当发动机，牵引其他部门走，不可做肠梗阻，让人家跟着你受累。

在企业组织的坐标系中，一个优秀的中层干部要从上面三个角度去思考问题，上下思维、前后思维、点面思维。否则，你这个经理的位置不能发挥很好的效用，就是浪费公司资源，也是浪费你自己的职业资源。

而且我们会发现，在日常工作中，基层员工经常会离职，而我个人始终是这样认为的，对于基层员工的离职，中层干部负有很大的责任。由于中层干部不关心基层员工，或者说因为中层干部没有很好地做出表率，导致基层员工看不到方向，看不到目标，感受不到温暖，他就会离开公司。在这方面我是有非常深刻的体会的，在很多企业中这确实也是一个普遍现象。所以说作为中层干部，视野要开阔。

优秀中层的定位

在企业发展的不同阶段，或者说部门在发展的不同阶段，中层经理都会遇到三个阶段。

1. 劳工领袖

也就是说虽然你是一个管理者，但是你和员工所做的事情几乎是没有区别的，所以你只是劳工领袖，用过去的话讲就叫工头。工头跟员工是同吃同住同劳动，就像我们一些企业在刚刚创业的时候，老板跟着员工一起挤火车，一起吃方便面，一起大碗吃肉，大碗喝酒，一起加班到凌晨两点钟。在企业很小的时候，老板就是一个劳工领袖，老板做的事情跟大家做的事情没有太大的差别。

2. 组织领袖

随着企业的发展或部门的发展，到了第二个阶段，第二重境界是组织领袖。在这个阶段你已经是管理者，你做的事情跟普通员工做的事情已经有所区别。员工在那儿打扫卫生，你可以不打扫，为什么？打扫卫生的事情大家都会做，你作为领导就没有必要再去打扫。组织领袖就是目标的管理者，他主要的工作内容实际上是八个字：计划、组织、控制、协调。是指挥你下面的人干活，而不再要亲自带着大家干。带着大家干，那仅仅是一种管理方式。还有很多其他的，比如制订计划，然后交给他们去做，他们做的过程当中你去协调，去控制。

3. 精神领袖

第三个阶段叫精神领袖。这个阶段经理已经不再具体从事一些事务性的工作，仅仅出思想，作为形象存在。目前，在中国大陆企业家里面，有几位精神领袖是大家公认的：柳传志、张瑞敏、王石、任正非，这些人都是精神领袖。柳传志可能不再为一个产品的销售去拿方案，张瑞敏可能不再为一台洗衣机的外形设计绞尽脑汁，王石可能不再去看一块地，这些人就是出战略，具体由他的操作层去管理并执行。

精神领袖对于中层经理来讲可望而不可即，是我们最理想、最终极的一个目标。一般在企业中，精神领袖通常是不经常出现的，只能通过他的言语、他的谈话、他的书面资料去感受到他的气息。

案例

总经理召集大家开会，大家都在谈下个月的具体计划。忽然门口有个人进来，是公司的董事长，公司的精神领袖。董事长常年居住在国外，很少回到国内，很少有机会看到他。这时候总经理赶快把会议停下来，让大家欢迎董事长给大家讲话。董事长就上来，面带笑容说："各位，有半年时间没有看到大家了，非常想大家，这次在外国学到了不少新鲜的东西。兔子跟乌龟赛跑，为什么兔子输了，乌龟赢了？"董事长花了 10 分钟把龟兔赛跑讲完，讲完了以后说："我先走了，我还有事情。"然后他就走掉了，所有的人停留在会场，都在想兔子为什么输掉，乌龟为什么赢，这个故事多么的言简意赅，一个小小的故事说明了多少大道理。

像这样的故事，只有精神领袖才能讲出来，一般人一是没有时间，二是讲出来也不像，只有精神领袖来灌输这些精神上的东西，是务虚而不务实的。

而我们作为中层经理，不要去指望立即成为精神领袖，我们更多的是务实，也就是做组织领袖。中层经理应该思考怎么能够把团队里面现有的人员组织好、协调好，然后制订一个严密的计划，通过一个严格的考核，让大家把项目做成结果，而且做得非常愉快，从而真正把这个部门做得生龙活虎，有绩效。

附

一位私企老板的真心话

作为私营企业的老板，我想发表自己的几点看法：

一、我目前是老板，但我这个老板不是天生的，我在其他单位工作过很长时间，我能体会到打工者的辛苦。工作环境不好，制度不完善，这是国内企业普遍存在的问题，也不是短时间内改变得了的。所以，除了适应客观环境，没有别的办法，即使你自己当老板，依然解决不了这个问题。

二、工作态度。我曾经在一个有上千职工的私人集团做总经理助理。在常人眼里，也许我的工作只有处理文件及协助老板处理一些相关事务。可那时只要是公司的工作，我都有可能被派去。记得有一次为了赶货，我和办公室的所有职员都到车间包装产品，整整做了三天三夜。老板并没有向我们说声谢谢，更不用说支付加班工资了。还有一次，公司的驾驶员因出事故被吊销了驾照，一时找不到合适的人，我又做了长达三个月的驾驶员。

还有一次，老板自己接了个现金生意的单子，必须货到付款，于是我又变成了业务员，跟着货车颠簸了两天，把货送到了对方处，直到结款回来。这些工作也许太不值得去做，当时我也觉得很委屈，凭什么要我去做那些工作？但现在想想，我觉得我不下车间，体会不到在车间工作职员的辛苦。在当驾驶员的三个月里，我的驾驶技术突飞猛进。送货、结款考验了我的能力。我不知道你们打工是什么心态。那时我总是告诉自己，我的心血不会白白付出，这些都将成为我的经验与财富。

比如，叫你打印文件，也许在你看来，根本不屑去做这些事。可你在做这份工作的时候，有没有想过，从你手里出来的那份文件是不是很精致，很优美，让人看了是不是耳目一新？

我还记得在老板把我的工资翻了几番，我还是要离开时，老板眼神中的那种不舍。我如果做得不出色，他凭什么要挽留？由于我的工作态度和工作能力，后来老板把我当朋友看待，在我创业期间给予了我不少的帮助。

三、关于跳槽。我个人认为在找一份工作之前，要考虑这几个方面：1. 公司的这份工作是否适合我？ 2. 我能否胜任这方面的工作？ 3. 我能否接受公司给我的待遇及一些可能出现的问题？也许进公司以后，与你想的是天差地别。但如果你重新找工作，是否就保证它跟你的要求与理想接近了呢？

用两个月的时间找工作，用三个月的时间适应这份工作，再用两个月的时间去体会是否该换工作，最后用两个月的时间决定是否跳槽，一年的工作时间就这样毫无结果地浪费了。所以，只有当公司的环境已经限制了你的发展，你才能考虑跳槽。跳槽只有在原有基础上越跳越好，而不是越跳越糟！

四、待遇的问题。老板与职员不是父母与孩子的关系，这点很实际。

在他付给你报酬的同时，你应该给他几倍甚至几十倍、几百倍的回报，这是经济社会的游戏规则，因为公司不是慈善机构！假如你做得很好，老板一般不会轻易减工资。如果把你的工资降下来，很有可能这是公司辞退一个员工的方法，让你不能接受，自动离开。

以上四点只是就事论事，也许说得比较片面。但我想送一句话给打工的朋友：不要浮躁，不管做什么，都应该有“这是为自己在做事”的心态，总有一天你会成功。

CHAPTER 2

第二章

与上司相处的七大原则

这里借鉴过来就是，第一个原则，上司永远是对的；第二个原则，假如上司错了，请按照第一条原则执行。

或者说上司永远不会犯错,假如上司犯错了,一定是你看错了。假如上司犯错了，你也没有看错，一定是你让上司犯了那个错，所以还是你的错，上司没错。

第一个原则　上司永远是对的

有的人听到这句话以后，可能会认为，我又在煽动一种愚忠情绪，宣扬一种错误观点。上司怎么可能永远是对的呢？

这里我们可以借鉴一下世界500强之一的沃尔玛。沃尔玛要求自己的员工，在面对顾客的时候，要遵循两个原则：第一个原则，顾客永远是对的，第二个原则，假如顾客错了，请遵照第一条原则执行。

这里借鉴过来就是，第一个原则，上司永远是对的；第二个原则，假如上司错了，请按照第一条原则执行。

或者说上司永远不会犯错，假如上司犯错了，一定是你看错了。假如上司犯错了，你也没有看错，一定是你让上司犯了那个错，所以还是你的错，上司没错。

如何执行“上司永远是对的”这一原则呢？我认为有几点要注意。

不管在什么场合，一定要给上司面子。谁都要面子，而上司对面子显得更为重视一些。

总经理前两天跟你们说，各位中层经理，在12月5号，薛老师将在北京有一堂课，我们所有的中层干部都去参加。

你一听就知道，总经理又讲错话了，明明是12月3号，他怎么说12月5号？但是他讲就讲吧，这件事情大家记住就行了——我们要去听薛老师的课。他讲完了以后，你悄悄地私下里跟他说，总经理，薛老师的课是 12 月 3 号，不是 12 月 5 号，我刚才仔细地查了一下。他一听，3 号就 3 号吧。他也不感觉有什么面子上的问题。

如果他在大庭广众之下说大家 12 月 5 号去听课，你立刻站起来，“总经理您讲错了，明明是 12 月 3 号，您为什么讲成 12 月 5 号？”

总经理会是什么感觉？就好像被你骂了一顿似的。

再打个比方，总经理马上要做报告了，但是刚刚吃完饭，他的嘴角上挂了一个米粒。他坐在主席台上，这时候大家陆陆续续都坐下来。你能不能站起来说“总经理，注意您的嘴巴，您的嘴上有一颗米粒”？

能不能这样讲？

有经验的中层干部会怎么样？他会上来为总经理倒茶，在倒茶的同时，用自己的身体把总经理掩护住，不让其他人看到他的嘴，悄悄地跟总经理示意一下：“总经理，这儿这儿。”

总经理心领神会，掏出面巾纸把它擦掉。

这就解决问题了，要给他面子。和上司沟通，你给他面子的情况下，很多问题都好办。如果你不给他面子，问题就很难办。

在家里也是一样。家里有个小孩，13 岁上初中了，放学回来以后就打游戏。老爸一看就生气，孩子怎么一回家就打游戏呢？去，把院子打扫一下！

孩子一听要他去打扫院子，“我不打扫院子，我要写作业。”

写作业？爸爸一听就生气了，你这个小孩，一回来就打游戏，叫你打扫院子，你就要写作业。像你这样的小孩有什么用？现在谁家的小孩不懂事？我像你这么大的时候，院子全是我打扫的。如何如何讲了一大堆。

聪明的小孩子会怎么样？

你叫我打扫院子，“好，马上打扫院子。”嘴上是这样讲，把作业本摊开，开始写作业。老爸一看就纳闷儿：“叫你打扫院子，怎么写作业了？”

“老爸，是这样的，我先把作业写好，然后去打扫院子，这样衣服就不会搞得很脏。而且我把作业写得很认真，去打扫院子的时候，也会打扫得很仔细。”

爸爸一听这话也对，先写作业后打扫卫生，“那你写作业要写多长时间？”

“4个小时。”

“4个小时？开什么玩笑？”

“那没办法，我们都是要写4个小时的。”

算了算了，还是我去打扫吧。老爸去打扫院子，一边打扫院子，一边还很开心：看我的儿子多有出息，写作业都要写4个小时，这样的儿子将来必成大器。

事情没做，老爸还很开心，什么原因？给了面子。

假如上司有一些错误的要求，或者错误的想法，怎么办？合理地解释，圆满地沟通。

乾隆皇帝应该说在中国历史上是比较有作为的一个皇帝。在他的那个时代，有几位大臣很优秀，像纪晓岚、刘墉、和珅。和珅很聪明，他精通汉语外的四种民族语言，满语、藏语、回语、蒙语，很有才华。

刘墉也是大臣中比较优秀的。有一天，乾隆皇帝和刘墉吵架，因为刘墉脾气不大好，和乾隆皇帝吵起来了。乾隆皇帝感到自己没有面子，下令："你这个刘罗锅，你给我去死！"

那个年代君要臣死，臣不得不死。现在总经理叫中层干部去死，那你只有去死。

刘罗锅一听，好，遵命，我去死。

他回家烧了一大锅的水，把洗澡的大桶拿出来，自己泡到热水里面，热气腾腾洗一个桑拿，但是衣服没有脱。泡过了，全身的衣服还在水淋淋的，又跑到乾隆皇帝那儿去。

乾隆一看，我叫你去死的，你怎么活着回来了？你抗旨不遵，居心何在？

刘墉说，禀告皇上，我刚才去死了，而且我很努力地去死了，但是没有死成。

"怎么会没有死成呢？谁挡住你，不让你死了？"

"我想用水把自己淹死，但是在死的半路上遇到一个人。"

"遇到谁了？"

"遇到屈原。屈原把我骂了一通，骂得狗血喷头，骂得很难听的。"

“他骂你什么了？”

“屈原讲了，他说他当年投江而死，是因为遇到昏君；说你刘墉现在遇到的是明君，你不好死的，赶快回去。我被他骂得不好意思，所以只能回来了。回禀皇上，没完成任务。”

乾隆皇帝一听，屈原死了是因为遇到昏君，刘墉现在遇到的是明君，也就是说我是明君了。我如果让刘墉去死，不就成了昏君吗？罢了，不死就不死吧，回来就好。

在春秋的时候还有一个人叫齐景公，他喜欢养鸟、养老鹰。专门有一个管理员叫烛邹，他负责养鸟。

有一天烛邹不小心，把大王最心爱的鸟弄飞了。大王就很生气：“你把我最心爱的鸟弄飞了，该死，推出去斩了！”正要往外推。这时候有一个大臣站出来了：“大王等一下，烛邹该死，他有三大罪状。让我把他的三大罪状公布于众以后，再让他去死也不迟。”

大王一听：“你讲吧。”

“烛邹你听好了，第一，你把大王最心爱的鸟弄飞了，该死；第二，你把大王的鸟弄飞了，导致大王要杀人，该死；第三，因为大王要杀人，这件事情传遍全国，让天下的老百姓都知道大王重鸟轻士，该死！”

大王一听，立刻明白了，这人不能杀。

这就是合理地坚持，圆融地沟通。

工作中即使你被上司骂了，最好不要生气，也不要让上司道歉。

领导把你骂了，骂得对，你没理由生气。假如骂错了，也不能生气。

为什么？

领导骂错了，可分为两种情况，一种是无意识地把你骂错了，一种是有意识地把你骂错了。

首先，我们谈有意识地把你骂错了。总经理有意这样骂你，往往是什么情况呢？可能是含沙射影，指桑骂槐。

比如，有一天你去向总经理汇报工作，提醒总经理明天有一个重要的会议要开。你敲总经理的门，总经理一听："进来。"你进了总经理办公室，一看还有一个人，是公司的一位副总，资历比较深，工作时间也比较长。

进来后你向总经理报告："总经理，明天有一个很重要的会议，想请您出席，不要忘了。"

谁知道总经理一听你说这个话，就拍桌子，"你这个经理怎么当的，整天管这些婆婆妈妈的事情？开会这样的事情，要你特地来向我报告吗？为什么不抓大事，公司里面那么多人，他们都在干什么你知道吗？为什么不关心公司的整体效益？为什么不关心公司的利润？像你这样婆婆妈妈的人，迟早有一天把公司搞垮……"

总经理劈头盖脸把你骂一通，你莫名其妙，我只是提醒一下明天要开会，干吗骂我？

但是总经理骂了，也没办法，你只好出来，心里不太舒服。

过了一会儿，那个副总也从总经理办公室出来了。你发现他从总经理办公室出来的时候，脸有一点红。

实际上，假如你是一个聪明的中层经理，在这个时候你就应该明白，刚才总经理不是有意骂你的。他明明知道你没有错，但是他还得骂你，为什么要骂你？指桑骂槐，含沙射影。

他不好骂那个副总。也许副总身份比较高，资历比较深，有些难听的话不好骂给他听。那怎么办？把你拿起来骂一骂，骂给他听。实际上你心里要非常宽慰，想通了就是一件事——刚才我帮了总经理一个忙，我如果不进去，总经理这些话不好说。我去了，就解决了。

还有一种有意识地骂错，叫你为他背黑锅，代人受过。

打个比方，有一天总经理跟客人约好，9点钟在某个酒店商谈一件重要的事情。前一天晚上7点钟，你打电话给总经理："总经理，明天9点钟和客人在希尔顿大酒店会谈，我会在8点钟准时把车开到您的楼下，我和您一起到那个酒店去。"

总经理一听，好，你明天8点钟来吧。

第二天早上8点钟，你准时到达总经理的楼下，你给总经理发了一条短信："总经理，我的车已经在您楼下，我们马上到希尔顿大酒店去。"

总经理也收到短信了，但是也不知道什么原因，他还是迟到了。他8点30才到你的车上，你们8点30分出发，再开到酒店就迟到了，迟到了5分钟。

客人已经在那儿等了。客人一看总经理迟到了，就不开心，表现得有一点烦。

明明说好9点，怎么迟到了？你这么不重视我们啊？

总经理一看客户不高兴，肯定要道歉，“不好意思，迟到了，实在不好意思。”

但道歉有什么用呢？接下来总要让客人心里舒服一点，怎么能让客人舒服一点呢？总经理就开始骂你：“张经理，这么重要的事情，为什么不及早安排？这么重要的客人能让他等？你为什么不提前安排？回去以后写检讨，你这个月的奖金全部扣掉！公司里面像你这样的干部再多一点，我这公司就不得了了！”

你一听，嘴上说好，心里委屈了。我昨天晚上给您打电话，今天早上准时在您楼下等您，给您发短信。是您自己的原因迟到了，您现在骂我，骂的什么道理？

其实是你不聪明，你聪明的话，你就知道这是帮总经理的忙。他要下台阶，让客人高兴一点，只有拿你来说事。

这就叫代人受过，替人背黑锅。但是替总经理背黑锅是一件好事，你如果经常帮总经理背黑锅，前途不可限量。

无意识地骂错也是有的。

出了一件事情，总经理以为那件事情是你做的，在大庭广众之下骂你：“张三，你也是老员工了，是中层经理了，这样的事情怎么能做得出来呢？你怎么……”

总经理把你骂得很凶，而事实上，这件事情与你毫无关系。如果要追究责任，那也应该是李四的责任。

虽然总经理骂得穷凶极恶，但你最好还是示以沉默。

他骂完了你，回到他的办公室，可能就想了，刚才张三被我骂得很凶，他怎么一点反应都没有？调查调查，了解了解。总经理一了解，发现这件事情跟张三根本没关系，骂错了。

骂错了以后，他总得为自己解释一下。总经理把张三找过来："张经理，那天把你骂得很凶，不好意思……"接下来，总经理肯定会用低沉、惋惜的语调跟你说："你为什么不早一点说？你在那个时候说一句，跟你没关系，不就拉倒了嘛？你干吗一句话都不讲呢……"

这时候看你的表现了。假如你说：本来我就没有错嘛，你骂我骂得不对嘛。

完了，你这句话一讲，什么都完了。本来他还欠你一个人情，你这句话一讲出来，两不相欠了。

聪明的中层干部会怎样？他会作痛苦状："总经理，这件事情我很难过。我想了很长时间，我如果提醒一下李四，就不会有这件事情了。所以说我也有过错，您骂我骂得很对……"

总经理一听，眼泪都要流下来了。这样的好干部到哪儿去找？

不管什么情况下，你不要期望总经理道歉。总经理道歉不是好事情，我们在影视剧中能看到，一个总经理向部门经理道歉。实际上在生活中，假如有一天，总经理真的向你道歉了，你想一想，下一步怎么跟总经理相处，他在其他同事面前，怎么摆放你的位置。

所以不要让总经理道歉，即使他有心道歉。道歉的方式有很多。

有的时候总经理突然邀请张三、李四、王五晚上去吃饭。大家一听，会想吃饭有什么原因。没有什么原因，就是吃饭，大家高兴，吃个饭。

到酒桌上，总经理说："张三，来跟你喝一杯。"他把杯子端起来，喝一杯，喝完了。"张三，我们再来一杯。"又一杯，喝完了。"张三，我们还要来一杯。"又一杯。

三杯酒下肚，张三就应该明白，三天之前总经理错怪你了，他用喝酒代替向你道歉了。不用说，一说就没意思了。

总经理道歉的方式五花八门。

有一天所有的中层干部开会，总经理骂张三骂得很厉害，经调查发现确实骂错了。总经理怎么办呢？这么多人，大庭广众之下把他骂错了，不能让所有的人都去吃饭，那怎么办？

有办法，过两个星期，所有的中层干部又开会了，总经理讲话了："各位干部还记不记得，两个星期前我们在这个地方开会，我骂张三骂得很厉害。为什么要骂张三，大家想过这个问题没有？像张三这样年富力强的，又有技术，又能干，又能为公司做事情的人，我怎么肯轻易骂他呢？我是鞭打快牛啊！优秀的人我骂得更多，迫使他更有出息，你们其他的干部都要向张三学习……"

你看看，什么话他都能讲，翻手为云，覆手为雨。

所以说，总经理毕竟是总经理，你不要去操心他，你只要好好地把自己的事情做好。即使把你骂错了，即使你有一千个悲伤的理由，也要把伤心都留给自己。好好干吧，上司永远是对的，这是第一个原则。

第二个原则　不要议论上司的是非

美国宣扬言论自由，即使你是美国总统，一张张小报都要对你品头论足，更不要谈在企业里对总经理平等地指指点点了。但在这里我强调一下，国情不一样，你不要寄希望于中国的企业像西方的企业，尤其像美国企业那样开放。对上司品头论足，不合适。为什么？国情不一样。美国才几百年的历史，市场化程度非常高，功利性非常强。而中国，几千年来君君臣臣、父父子子，说明中国历来讲究秩序，讲究长幼有序。

他是长者，你是幼者，你就得尊敬他，不可以对他如何如何。他的职位比你高，你就要对他尊敬。

长幼有序，这是中国社会的传统，是中国的国情。你不要去模仿什么西方的企业，说那个企业多开放，你看跟总经理都能开玩笑，都能拍肩膀。在中国行不通，你不要去梦想。

中国历史上有个皇帝叫朱元璋，他是个出身很贫穷的皇帝，从小要过饭，做过和尚。和他一起打江山的有个叫徐达的将军，朱元璋做了皇帝，就封他为魏国公。有一天徐达的老婆和朱元璋的老婆马皇后聊天。徐达的老婆说，当年，你们老朱家、我们老徐家都很穷，一起要饭，一起打江山。现在不一样了，你们老朱家已经做皇帝了，我们老徐家也做大臣了，不错了。就讲了这些话。

当天晚上，朱元璋派人把徐达的老婆杀掉，没有杀徐达。为什么把徐达的老婆杀掉？她的嘴有问题，还老朱家、老徐家呢。老朱家、老徐家不能相提并论。我是皇帝，你是大臣，我割你的脑袋，就像割韭菜一样爽快。

所以说，长幼有序，不要随意议论上司的是非。

有的人，尤其是年轻人刚刚参加工作，进入单位一看，我们那个上司文化水平只有小学毕业，而我大学本科；我们那个上司长得尖嘴猴腮的，难看得要死，而我仪表堂堂；我们那个上司说话前言不搭后语，口齿不清，而我口齿伶俐；我们那个上司坏习惯一大堆，睡觉的时候打呼噜，吃饭的时候往身上滴汤，袜子三个月不换，而我多整齐、多好的一个人……他怎么还做我的上司呢?

在这里提醒一下，搞错了，你不可以拿上司和你进行对比，上司和你没有可比性。

打个比方，像一些服装专卖店，里面的营业员长得很漂亮，穿得非常整洁，确实很精神。这时候进来一个顾客是一个老头，他只有小学文化，长得尖嘴猴腮的，说话口齿不清，睡觉的时候打呼噜，吃饭的时候往身上滴汤，袜子三个月不换，什么坏习惯都有。现在你作为这个长得很漂亮、非常有气质的营业员，你能做什么？你该做什么?

唯一该做的就是为他提供服务。来，这位先生您看，我们的服装有这么多款式，我们的面料是如何如何，价位很合适，您看看哪一款符合您的心意。

当这个老头，这个有一身坏毛病的顾客，认为营业员服务得让他满意的时候，就会把钞票拿出来，把衣服买走。

思考一下，这个长得很漂亮、很有气质的营业员是你自己，而有一身坏毛病的老头是你的总经理、你的上司。

你是为他提供服务的，你跟他有没有可比性？营业员能不能要求顾客长得和自己一样漂亮？营业员能不能要求顾客有和自己一样的文凭？营业员能不能要求顾客不该有那么多坏毛病？不能要求的。

那么，在企业里，每一个中层干部都是为你的领导提供服务的。领导就是你的客户，领导是你在职业生涯中服务的最大的客户。

你努力地把领导服务好，领导对你的服务很满意，就会提拔你，给你加薪水，给你提供各种福利，就这么简单。

不要议论上司的是非，即使上司和你有什么私人的关系，你也要摆正位置。

上司在五年前和你是同学，上司和你是老乡，上司在多年前和你一起参加过某一项目，诸如此类，你要处理好这个关系。不要把私人的关系挂在嘴上，最好不要让其他人知道，让其他人知道是非常愚蠢的。

你干吗要讲呢？我们的总经理是我舅舅的表弟，全公司人都知道了，这个人不能得罪。所以，这个人没啥本事，就有点裙带关系。如果这样，对于你个人施展才华，你个人的发展没有什么好处。

有的时候总经理找你帮个小忙，他小孩儿要上学：“听说你有一个哥儿们在教育局，能不能帮个忙，让我的小孩儿进重点中学？”忙帮完了就完了，你什么也不要说，总经理会记得你的。

如果帮完了以后，你到公司去大力张扬，得意扬扬，唯恐天下人不知道，总经理就会没面子：总经理小孩儿上学的事情，还得他搞定。

过了一天总经理又找你了，我刚买了一辆车，要上个牌照，刚好你有个弟弟在交管所，看看能不能上一个好的牌照？你帮他搞定了，继续大肆张扬。

两件事下来，总经理就对你有印象了：此人不可重用，在他那儿没有什么秘密可言，以后有什么事情绝不能找他。

所以帮总经理的忙，要帮暗忙，不要帮明忙。知道的人越少，帮的价值越高。而且有一些问题你说出来，祸害更大，危险更大。

打个比方，有一天总经理上楼梯的时候，不知道哪个缺德鬼扔了一块香蕉皮。总经理一不小心，一脚踩到香蕉皮上，摔了一跤，摔了个狗吃屎。就你一个人看到了，其他人都没看到。

非常危险，因为只有你知道这个秘密。

假如有一天公司里在传话，说总经理哪一天在哪儿摔了一跤，被总经理听到了。总经理一想：肯定是他，只有他看到了，想让我难堪。

你说危险不危险？所以，不能打听的事不要打听，不该知道的秘密不要去了解，了解了对你个人没有好处。

关于不要议论上司是非，还有一点：抱怨是进步最大的敌人。不能发牢骚，没有谁是靠“愤世嫉俗”取得成功的。看到问题不要只会愤愤不平，那样你只会成为“怨妇”。如果能对问题深入了解，并能提出两个以上的解决方案，那你就成为有用的人了。

第三个原则　不要抢了上司的风头

上司也是人，你抢他的风头，他会很不高兴。什么叫尊敬领导？尊敬领导应该体现在我们具体的一言一行当中。

比如你和总经理一起去拜访客户，你就要注意了。客户站在那儿，你和总经理两个人走到这儿来。刚开始你肯定是退后总经理半步，总经理在前面，你退在后面。但是即将要跟客户见面的时候，你就要一步上前，抢先向对方介绍：“张总，这是我们总经理。”然后你说：“总经理，这是我们客户王总。”

你要抢先介绍，不能让总经理跑过去：“你是王总吗？我是我们公司总经理，这是我们小罗……”

和上司一起坐车，不管是打出租车，还是坐自己公司的车，你都要注意。首先把后面的座位门打开，把总经理请上去，然后坐到副驾驶去。为什么坐在副驾驶？副驾驶是下级、随从、秘书、保镖坐的位置，也是车祸死亡率最高的位置。把危险留给自己，把安全留给领导，这就是维护上司的尊严。

你不可以自己一屁股坐在后面的座位上，总经理没地方坐了，只能往副驾驶一坐。客户看了以后就莫名其妙，把你当总经理了。

和领导一起上下楼梯时，严格意义上讲，上楼梯的时候，要让领导走在前面；下楼梯的时候，自己在下面，领导在上面；反正上下楼梯的时候，自己始终在下面，为什么？万一总经理跌下来，你在下面可以接住他。这就是维护上司的权威。

炊
饼
店
大郎饼屋
我们大郎好歹也是炊饼店老总呵！
潘金莲
武大郎

再比如，客人和总经理在一起吃饭，你要小心一点。吃饭前，你不要自己一头钻进来，应该站在门口，做一个请的动作。领导和客户不坐下来，你不能坐下。坐的位置也有讲究，总经理和客人一般坐在对门的那个位置，而你坐在靠门的位置。你为什么坐在靠门的位置？点菜、递毛巾、递茶水、付账，诸如此类的事情全部由你来完成。有什么不满意的地方，全部是你去打理。另外在吃饭的时候，你不能只顾吃饭，要察言观色，看看总经理喜欢吃什么，客人喜欢吃什么，他喜欢吃的菜，赶快把它转到他的面前去。这就叫体现上司的权威，这就叫不抢上司的风头。

再比如，客人和总经理在一起吃饭，你要小心一点。吃饭前，你不要自己一头钻进来，应该站在门口，做一个请的动作。领导和客户不坐下来，你不能坐下。坐的位置也有讲究，总经理和客人一般坐在对门的那个位置，而你坐在靠门的位置。你为什么坐在靠门的位置？点菜、递毛巾、递茶水、付账，诸如此类的事情全部由你来完成。有什么不满意的地方，全部是你去打理。另外在吃饭的时候，你不能只顾吃饭，要察言观色，看看总经理喜欢吃什么，客人喜欢吃什么，他喜欢吃的菜，赶快把它转到他的面前去。这就叫体现上司的权威，这就叫不抢上司的风头。

有很多的细节，在具体的生活当中，不可以熟不拘礼。

有的人可能跟总经理私交很好，但是遇到外交场合还是要注意。千万不可以在外人面前，体现得跟总经理非常亲密。在外人面前，跟总经理搂肩搭背是不可以的。女性中层干部更不可以在外人面前搂着总经理的胳膊。

在外人面前，总经理就是总经理，你跟他的关系再近，都不可以表现出来。

不该出现的场合不要出现。召开新闻发布会，总经理讲完了，记者想找你谈谈："张部长，你对这个问题怎么看？你有什么想法？"把话筒递到你面前。你能不能讲？不要瞎讲，有些话轮不到你说。

江苏很有名的红豆集团，董事局领导下面的10家公司，包括一家上市公司。董事局对下面的总经理有严格的规定，不可以随便接受新闻媒体的采访。如果要接受，一定要事先打报告，讲明你想表达什么东西。必须要按照这个规程，由总裁审批，批准以后才能执行，不可以随便瞎说。

另外，比如你本来是在总经理办公室跟他汇报工作，你正滔滔不绝，讲得眉飞色舞、神采飞扬，突然来了一个很重要的客人。总经理马上要接待这位重要的客人，这时候你还不知趣地在那儿讲个没完，总经理高不高兴？很不高兴，你应该赶快出去，就此消失。

该慎言的场合不要瞎表现。有的时候总经理看得起你，"张部长，今天晚上我们共同出席一个宴会，有一批客人在，你陪一下。"总经理坐主位，你坐副陪的位置。酒宴开始，总经理还没有讲话，你就开始了："来，欢迎各位远道而来的朋友，我们先干了这杯酒。"

总经理还没有讲话，你把杯子端起来算什么？况且总经理是请你陪同吃饭，不可跑题。你不要东拉西扯，一会儿扯到这个，一会儿扯到那个，净扯一些不相干的事情，总经理听了以后很生气：这样的家伙，以后再也不带他出来了。

在外人面前，不要表现得比上司更聪明。

在苏联卫国战争的时候，斯大林非常倚重两个人，一个是朱可夫元帅，还有一个叫华西里耶夫斯基。苏联卫国战争取得胜利，这两个人功不可没。朱可夫元帅是一个军事天才，而华西里耶夫斯基也是一个很不错的军事家。

在那个特定的年代，跟斯大林共事，是一件比较困难的事情。

为什么呢？那个时候的斯大林已经是唯我独尊，根本听不得其他人的意见，苏联的个人崇拜已经发展到极致。

在即将进行基辅战役的时候，朱可夫是苏联大本营的总参谋长，他跟斯大林讲："放弃基辅。如果我们打基辅，德国人就会把我们团团围住，我们的损失会很大，干脆把它放弃掉。"

其实这是一个非常英明的，有战略眼光的建议，但是斯大林根本听不进去，把朱可夫臭骂一通，骂得还不过瘾，竟把朱可夫赶出大本营。当然后来斯大林向朱可夫道歉了，说这件事情确实是你对了，但是已经迟了，为什么？结果被朱可夫不幸言中，守卫基辅的苏联精锐部队全军覆没。

朱可夫离开大本营以后，华西里耶夫斯基做了总参谋长，也就是顶了朱可夫的位置。他和朱可夫元帅的处事方式就不一样了。

他有事没事到斯大林的办公室去，跟斯大林闲聊两句，不经意地说两个观点，很随便，不正式，也不是讲得头头是道，随便闲聊几点意见。过几天，斯大林就会出台一个方案，而方案的内容就是华西里耶夫斯基前两天在他办公室所讲的。

大家都惊叹：我们的元帅，我们的最高领袖多么的英明，居然有这样的方案！华西里耶夫斯基也跟在后面惊叹。

更为滑稽的事情是开军事会议。

大家在开军事会议，华西里耶夫斯基和斯大林往往靠得很近。轮到华西里耶夫斯基发表意见的时候，他往往先讲三个正确的观点，讲得口齿不清，用词不当，前言不搭后语，啰里啰嗦，声音含混。其他人根本听不清楚他在讲什么，只有靠得最近的斯大林听得清楚。

接下来，华西里耶夫斯基会画蛇添足地讲两个错误的观点，讲得淋漓尽致、振振有词、头头是道，其他人听得心惊肉跳。你怎么能讲出这样的话？

该斯大林发言了，斯大林清清嗓子，首先批评华西里耶夫斯基刚才的两个错误观点，批评得痛快淋漓，心情舒畅；接下来宣布他的最高指示，就是华西里耶夫斯基开始讲的那三个正确观点，只不过是经过斯大林的加工、润色，用他自己的语言讲出来。

所以，很多人都嘲笑华西里耶夫斯基，说他好像有点受虐狂，一天不被斯大林骂，心里就不舒服。而华西里耶夫斯基根本不予理睬。后来有一个人说他说得过分了，华西里耶夫斯基说：“我如果像你一样聪明，我在总参谋长这个位置上待的时间就不会那么长。我如果像你这么聪明，我的很多观点都被斯大林扔到茅坑里去了。我想如果斯大林采纳了我的观点，我们在战场上少流血，少死人，比我是不是被斯大林骂重要得多。”

从这里看出，斯大林看重这两个人：朱可夫和华西里耶夫斯基，而华西里耶夫斯基与上司相处的手段更强一点。

在我们的实际生活当中，有的时候你过分张扬，表现得比上司更聪明，领导会不太开心。

我随便打个比方。有一天，总经理领着一帮客人到车间去参观考察。客人看到一台机器的灯在那儿一闪一闪，怎么会一闪一闪的？客人就问了。

总经理说，“我们这台机器在正常运转的状态下，这个灯就会一闪一闪的。”

总经理回答完了，你作为技术部经理，一听不对，赶快补充：“这台机器已经坏了，所以它就一闪一闪的。”

总经理会回过头来盯着你：“你这个技术部经理怎么当的，坏了这么多天为什么不修？等到我们来检查还这个样子？”

总经理劈头盖脸把你骂一通，你说你不是讨骂吗？你事后把它修好不就完了？

不要跟上司抢功劳，这点也是很重要的。

不管上司有没有参与你所做的具体工作，但是事情做完了，一定要把功劳让给领导。你不要动不动就讲我这个部门如何。应该加一个前提，在总经理的英明指导下，在总经理的亲切关怀下，我们完成了什么什么。

加一个前提很重要，因为这是符合中国特色和中国企业的特点的。

第四个原则　独立承担责任

有的人可能讲，作为中层干部，我就是要把总经理发布的指示很好地贯彻下去。

什么叫贯彻？贯彻就是承上启下，贯彻不是上传下达。

即使是上传下达，有的时候我们也会讲错。上司讲了一句话，你向下传达，可能变味儿，变形，变成其他东西了。

我们看一则故事《命令传达》

团长对营长说："明晚大约8点钟左右，哈雷彗星将可能在这个地区看到，这颗彗星每隔76年才能看见一次。命令所有士兵着野战服在操场上集合，我将向他们解释这一罕见现象。如果下雨，就在礼堂集中，我为他们放一部有关彗星的影片。"

营长对连长说："根据团长的命令，明晚8点哈雷彗星将在操场上出现。如果下雨，就让士兵穿着野战服列队前往礼堂，这一罕见的现象将在那里出现。"

连长对排长说："根据团长的命令，明晚8点，非凡的哈雷彗星将身穿野战服在礼堂出现。如果下雨，团长将下达另一个命令，这个命令76年才会出现一次。"

排长对班长说："明晚8点，团长将带着哈雷彗星在礼堂出现。这是每隔76年才有的事。如果下雨，团长将命令彗星穿着野战服到操场上去。”

班长对士兵说：“在明晚8点下雨的时候，著名的76岁的哈雷彗星将军将在团长的陪同下身着野战服，开着他那彗星牌汽车，经过操场前往大礼堂。”

传达命令不是那么容易的事情，更不要谈效果了。

效果是我们要的结果，而不仅仅是简单地传达。

比如，企业的总经理说，去年我们的邻居工厂失火了，损失很大。因此我决定，今年绝不可以失火。

总经理的指示下来了，中层干部向下传达：不可以失火。

最后基层的员工知道了一件事：小心不要失火。

结果是什么呢？今年该厂发生火灾，损失惨重。

总经理有错吗？总经理没有错，这个话他已经讲了，不要失火，到最后为什么还失火呢？

中层干部有错吗？有错。虽然他也讲了不要失火，但是没有付诸行动。领导要的是结果，要把这个结果拿出来。

严格意义上讲，中层干部应该建立防火委员会，推出防火原则，开展防火演练，而不是简单地向下传一句话，不要失火。你要付诸行动，要去执行。

基层的员工可能会更新灭火器械，购买灭火器，导入电脑化喷水系统。

这里就谈到一个问题，中层干部要独立承担责任。

公司的高层，董事长、总经理要有很强的决策力，决定做什么、不做什么，中层干部要有很好的执行力。什么叫执行力？就是实现公司高层制定的决策，用什么方式是你自己的事情，高层要的就是结果。

中层干部独立承担责任，不仅仅是传达命令，应该比上司想得多一点，确保产生领导所要的结果。

上司首先要的是结果，然后才是过程。

有的人可能讲，这件事情我向领导请示过了，即使产生这样那样的问题，我就不负责任了。不对，作为中层干部，你在这个位置上，是具体的执行层，你要确保有很好的结果。

打个比方，有一个很重要的客户，跟你下订单要30万元的货，而你了解到这家客户有问题。客户让你把30万元的货发给他，他才会把钱打过来。但是你心里没底，我把货给他，万一他跑掉怎么办，万一我拿不到钱怎么办？

你去向总经理请示："总经理，现在有一个客户，跟我们要30万的货。我心里没底，不知道该不该发。"

总经理一听："为什么不发？该发还得发。"

"是这样的，这个客户要我们先发30万的货，然后他才能给钱。我担心他不给我们钱。"

"不会吧。"

总经理肯定是这样的反应，你还不放心："那就发了？"

"该发也得发。"

你回来就发了。谁知道30万的货发了以后，对方真的是人去楼空，再也找不到人了。

祸闯下来，肯定要追究责任。总经理追查来追查去，追查到你了："张经理，你是销售部经理。30万的货发给人家，为什么一分钱都看不到？"

你站在那儿，一句话也不讲，感觉自己很委屈。

总经理更恼火："有什么话你就讲。为什么30万的货发给人家了，一分钱看不到？"

你忍无可忍："总经理，这件事情我向您请示过的。您说发，我就发了。"

"我说发，你就发了，那我还要你这个中层经理干什么？"

有的人可能讲了，这个总经理不太讲理，明明是你叫他发的，现在事情出来了，却只怪中层干部。

客观上来讲，总经理是要承担一定责任的，不可以这样随便表态。但是你看一下，总经理说的一些话还是比较有艺术性的。你问他要不要发，他说该发还得发。你说担心客户不把钱打过来，他说不会吧。总经理说的一些话是模棱两可的。他绝对不会跟你讲，一定要发，必须要发。

而你作为中层干部，在这件事情上确实要承担很大的责任。因为你是从事具体工作的，总经理不可能了解太多的情况。不是说请示过了，你就不用承担责任了，真要那样，中层干部也太好当了。

而且你向总经理请示的时候，一定要提供一些依据给他，让他做一个综合的判断。比如："总经理，这个客户要30万的货，我担心货发给他以后，30万不打给我们。为什么呢？有这么几种情况：一个星期之前，他的财务跑掉了。两个星期之前，有三个客户去跟他要钱，结果一分钱没要到。而且据说三天之前，他 2/3 的员工跑光了。这样的客户可能存在一些风险，不太好把货发给他。”你提供这几点依据给总经理，总经理又不是傻瓜，他能做出一个正确的判断。

所以在这里强调，你是中层干部，人在其位要谋其政，你要独立地承担责任。不要什么事情往总经理身上甩，甩了没有用。

独立承担责任，也就是要求你工作到位。什么是工作到位？就是事情该怎么做就怎么做，该做到什么程度，就一定做到什么程度，该有什么样的结果，就必须有什么样的结果，一点也不含糊！

工作不是读书考试，不可能要求 60 分及格。工作必须 100% 到位，哪怕 1% 的差错也不要出！如果大家都对 1% 的错满不在乎，产品质量肯定得 0 分，服务质量也是 0 分，工作质量更是 0 分！工作到位要求我们每件事都按流程办理，无论谁出错都不能含糊，不能心存侥幸！

任何一个抱着三分错误，七分成绩的态度工作的人，必定没有上司喜欢，也必定没有公司愿意要他！

我记得有一家企业的总经理跟我闲聊的时候说：“我们的产品很多，什么产品在市场上好卖，什么产品在市场上不好卖，下面的部门经理来问我。我就回答他一句话：‘你问我，我懂个屁。’就这么简单。”

意思是什么？你不要问我什么产品好卖，什么产品不好卖，你是部门经理，你自己决定，结果由你独自承担，我无法回答你这个问题。他说他懂个屁，是谦虚。但总经理能说出这样的话，也是一种境界。

???
我要啥都懂，
还能显出你
能耐……
孔明
阿斗

第五个原则　对上司的立场要敏感

上司在这个问题上，他是怎么想的？上司对这件事情，会怎么处理？每一个中层干部在实际工作当中都要去揣摩，在揣摩的过程中，有一些人会感觉到有一点痛苦。

领导没叫我做这个，也没叫我不做这个；领导没有禁止我这样做，也没有指示我可以这样做，我应该怎么处理？这时候就要看你自己的本事了。

而实际生活当中，很多事情非常复杂，没有标准的答案，或者说根本没有答案，纯粹靠你自己去想，去揣摩，努力理解领导的意图。

打个比方，在我们的工作当中，董事长、总经理那儿经常会有一些客人来，来了以后都要请他们吃饭。吃饭的具体问题，就会安排你去办。

“张经理，我这边有几个很重要的客人，去帮我安排一下。”你一听，“好，马上安排。”

你把客人带到酒店去吃饭。但是客人也分三六九等，吃饭的花费，可能 200 元就能解决问题，也可能 2000 元才能解决。究竟是花 200 元，还是花 2000 元，总经理不会明确告诉你的，在这个时候，就需要你自己去掌握，自己去揣摩了。

如果你不在这方面动脑筋，那么 10 次请客，说不定有 9 次要被总经理骂。

总经理这边来了客人，他说起来都很重要。确实，到总经理那儿去的，谁不重要呢？你就花了2000元，招待客人到酒店大吃大喝。吃完了，总经理知道了。

“什么？一顿饭吃了2000元？”总经理把你叫过来：“张经理，你怎么回事？这个钱不是你的钱，你花得不心疼是不是？你这样吃，迟早公司要给你吃光的！”

被总经理骂得狗血喷头，你要长记性，以后不能这样瞎吃了。

下一次又来了客人，又叫你了。“张经理，这是很重要的客人，安排一下。”

这一次花200元，总经理该不会骂了吧。吃完了以后，总经理听说了，又把你叫过来。

“张经理，你怎么回事？这是我们最重要的客户，你花200元请人家吃个大排档就打发了，你是存心和公司过不去是不是？你存心想把我们的客户得罪光，是不是？”

又被总经理骂得狗血喷头。

你就想不明白了，这件事情究竟怎么弄，200元还是2000元，于是问总经理：“总经理，您以后直接告诉我行不行？”

“告诉你，还用你去安排吗？我自己不会去？”一听这话，自讨没趣。

那怎么办？实际上你应该去揣摩。总经理说是很重要的客人，马上去安排。你听完后该站在旁边察言观色，看看这一批客人究竟值得花200元，还是2000元，你就要思考这个问题。趁着客人上厕所的机会，你赶快冲到总经理办公室：“总经理您看招待这一批客人，是花2000元，还是 200 元？”客人不在场，总经理会告诉你，2000 元就 2000 元吧，他无所谓。

假如客人永远不上厕所，一直待在总经理办公室，当着客人的面你是不能问的。怎么办呢？你还要解决呀。最好在外面停留几分钟，马上回来，回来以后当着客人的面，可以跟总经理试探，这个试探有讲究了。

“总经理，我们定点的那个饭店，今天厨师拉肚子，没有上街买菜，菜肴可能不是太丰富。这个问题，总经理您看怎么办？”

如果总经理说：“那怎么行？要解决，想办法解决，尽力而为，不能让我们的客人吃得不好。”你一听，估计招待这批客人 200 元就能解决问题。

假如总经理把桌子一拍：“那怎么行？换饭店也要解决，一定要把事情办好！”你一听，没有 2000 元是解决不了问题的。

办法总比困难多，是不是？

对上司的立场要敏感，还在于站在中层经理的位置上，头往上仰，看得更高一点，想得更远一点。

比如买土豆。公司需要一批土豆，总经理叫张三：“张三，我们需要一批土豆，你到市场上去打听一下。”

张三去打听了，出了公司大门，向右拐弯，再向前 100 米，有一个老头在那儿卖土豆。你马上回来汇报：“报告总经理，有一个卖土豆的。出了这个大门，向右一拐，向前 100 米就有个卖土豆的。”

“他的土豆多少钱一斤？”

“哎呀，总经理，我没问。您为什么不早跟我说？我马上去问一下。”你赶快下楼，去问那个老头。

“报告总经理，您布置的任务完成了。据我亲自调查，那个老头的土豆是 6 毛钱一斤。”

你讲得很兴奋，好像自己不折不扣地完成了一项任务。谁知总经理接下来问了一句：“他有多少土豆？”

“哎呀，这倒没有问。总经理，您为什么不早一点跟我讲呢？我马上就下去……”你接着又下楼，问老头。

你回来了，“报告总经理，他有 300 公斤土豆。”

谁知道总经理又问了一句：“假如我把 300 公斤土豆全部买下来，能不能便宜一点？”

“哎呀，总经理，我没有问。我马上去，马上去。”你再下楼。

“报告总经理，全部买的话，只要 4 毛钱一斤就可以了。”

这就是我们一些中层干部的工作场景。你像算盘珠子一样，拨一拨，动一动，你叫我干啥我就干啥，不能够为领导想得更多一点，不能够去揣摩领导的意图。

总经理叫你去问土豆在哪儿卖，你就应该想，他叫我看土豆在哪儿卖干什么？总经理问土豆多少钱一斤干什么？他为什么叫我去做这件事情？

假如换一个人李四。作为中层经理，李四非常优秀。有一天，总经理在楼梯口跟李四说了一句："李四，我们可能需要一批土豆，你有空去看一下外面土豆的行情。"就这么不经意地说了一句。

过了一天，李四来向总经理汇报："总经理，您昨天在楼梯口跟我说的，关于土豆行情的事情，我已经搞清楚了，现在向您汇报。我们出这个楼梯口，向右拐 100 米，就有一个卖土豆的。"

"他的土豆多少钱一斤？"

"我顺便问了一下，他的土豆是 6 毛钱一斤。"

"他有多少？"

"我也顺便问了一下，他有 300 公斤。"

"假如 300 公斤全部买，能不能优惠一点？"

"我也顺便问了一下，全部买的话，只要 4 毛钱就可以了。"

"看来这一批土豆是可以买的了。"

"我已经把他叫到门口了。您说一声，就可以往里面搬了。"

这就是优秀的中层经理。像这样的干部，领导能不喜欢？

敏感于上司的立场，还体现在用适当的方式反映现实。

我向领导说这句话的时候，领导会是什么样的感受，你要去思考一下。你不能说不顾领导的感受，把这件事情讲出来，有的时候弄不好会适得其反。

比如，在我们工厂里，工人张三对你说："张主任，我们的加班补贴太少了，附近的其他工厂加班工资都涨了。你如果不给我们增加加班补贴，我们可能要跳槽。人家的加班工资比我们高，我们肯定要去。"

你一听，这件事情比较严重，不给他涨加班工资，他就要跳槽。而增加加班补贴的问题，不是你能决定的，必须要由总经理决定，那只有向总经理汇报了。

你去敲总经理的门，“总经理，有件事情向您汇报一下。我们员工讲，其他工厂的加班补贴都涨了，我们的加班补贴还没有涨。员工们说了，如果我们不涨加班补贴，他们就要跳槽了，要到人家那儿干了。”

总经理一听，心里肯定不是个滋味：“谁讲的？”总经理肯定关心谁讲的。

“张三讲的。”

“好，你先去吧。”

总经理马上找来张三，“张三，听说你讲了我们的加班补贴太低，如果不增加加班补贴，你们就要跳槽，有没有这回事？”

你看张三会怎么讲，“没有，总经理，我怎么可能讲这个话？我绝对不可能讲这个话，谁造谣？这样的话我讲得出口吗？我在公司已经工作这么多年了，我怎么可能跳槽呢？”

张三怎么会这样？不奇怪，因为我们中国人的沟通特点就是这样——我告诉你，但是你不能告诉别人；我告诉你了，你如果告诉别人了，千万不要讲是我讲的；我告诉你了，如果你告诉别人是我讲的，我肯定不承认。

张三就是这种情况，他在车间主任面前可以讲的，到总经理面前就不会讲。

总经理一听火冒三丈，把你叫过来：“张主任，你究竟居心何在？

两分钟之前，张三在我办公室，矢口否认。他绝对没有讲这个话。你心里有什么想法，直接讲好了，不要拿员工来说事情。”

你看看，你无论如何也想不到会弄成这个局面。

问题出在什么地方？是你没有注意到用适当的方式反映现实。你要注意这件事情，我跟总经理讲，总经理会是什么感觉，会有什么反应。

说到底我们中层干部是承上启下的。承上启下是什么？就是通过我们中层的力量，把上级和下属联合起来，共同推进，而不是在上级和下级之间制造矛盾。

下级有什么愿望，上级有什么要求，中层在这方面要动脑筋把它消化，消化以后，整体上往前推一把，这才是中层干部应该做的事情。

张三跟你说，人家加班补贴涨了，我们要涨，不涨我们可能跳槽。你应该向总经理汇报，汇报之前也要想一想怎么说。

假如是这种情况。你去见总经理。你往总经理面前一站，一句话不讲。

“张主任，有什么事？”

你还是不讲话。

“你讲，究竟有什么问题？”

“总经理，这句话不知道该讲不该讲，讲的话怕您生气。”

“不生气，你直接讲。”总经理有思想准备了。

“是这样的，总经理，我们公司员工的加班补贴已经够高的了。但是有个别员工有一点不好的情绪，认为人家的加班补贴比我们高。这件事情确实比较难办。”

总经理一听："有这回事？那你要调查一下了，看看人家的加班补贴是不是比我们高。假如真的比我们高，我们也要调的，不能让我们的员工心里不平衡。这件事情要处理好。"

你一听："总经理，那我去调查了？"

"去调查。调查完了，写个报告给我。如果人家确实比我们高，我就批了，批了以后就涨上去。"

你看，啥事也没有。

假如再换一种情况。你跑到总经理面前讲："总经理，我马上去调查人家的加班补贴是不是比我们高。如果人家比我们高，我们也加上去。"

总经理一听火冒三丈："你去调查吧，调查完了就不要回来了。"会不会这样？有可能这样。

有一些不合时宜的话也不能讲。

打个比方，到年底了，有的企业开年会，总结经验教训，放眼来年更上层楼。总经理信心百倍，到总结的时候讲："同志们，我们明年销售额要达到什么什么，我们的产品占有率要达到多少多少，我们在其他方面要如何如何做改进……"

总经理讲了一大堆指标、数字什么的。但是他讲的过程中，你作为中层干部一听，知道总经理犯错了。因为你做具体工作最清楚，总经理讲的有些目标是不可能实现的，不太现实。

尽管知道总经理讲的话有错误，但是能不能站起来说，"总经理，您刚才讲的那个目标是不可能实现的，您讲的那个指标是不可能完成的”？

能不能这样讲？你如果这样一讲，相当于在总经理头上浇了一桶水。在这种场合，你是无论如何不能讲这些话的。你只能说一些冠冕堂皇的话：“总经理为我们提出了更高的目标，更高的要求，我们全力以赴，不辜负总经理的期望，努力把工作做好……”

会开完了，总经理回到办公室，你跟着他进去：“总经理，有一点事情我想说一下。刚才您讲的那个目标，销售额的问题，我觉得要完成，不是不可能，是完全可以的，但是有一些配套的措施要跟上。比如我们的销售人员数量还太少，力量不够强大。新进的销售人员，他们的销售技能还有待提高。是不是春节以后，大面积地多招一点销售人员？然后对新进来的销售人员进行培训，丰富他们的产品知识、企业知识、客户知识、行业知识，让他们在市场上更好地施展才华。只有这样，我们的销售目标才可能实现。”

总经理一听，对呀，你讲得很对，马上就按照你的意思去做。不按照你的意思去做，销售额肯定是一句空话。

像这样的一些建议性的东西，或者说你个人的一些想法，原则上最好是私下交流，用一种比较合适的方式跟总经理讲。

总经理的愿望是好的，你不要去怀疑总经理有意说假话，说空话，但是他可能对一些具体的工作不太了解。

上司不太喜欢听的一些话，如我们没有经验，我们在这方面资源太少了，现在时机还不是很成熟，这些空话不要讲，打击士气的、不利于团结的话不要讲。只能说我们的目标是可以实现的，同时我们做好其他哪些方面的工作，才能保障这个目标的实现；这个任务是可以完成的，前提是我们还有哪些事情要做。这也是中层干部和领导相处的一个艺术性的问题。

第六个原则　不要随便请示，请示要有备选方案

有的中层经理可能认为，我靠自己的本事吃饭，我不喜欢溜须，不喜欢拍马，不喜欢跟领导套近乎。领导不找我，我也不找领导，三年都不来往。这样的人，能不能成为一个好的管理者？不可能。

凡是做领导的都有一种痛苦，就是不知道下属在想什么，不知道员工最近在做什么。既然是中层干部，你应该知道，总经理肯定有这种痛苦。适当的时候，你要向总经理发一条短信，打一个电话，向他报告一下，出具一份书面的报告也行：总经理，我最近在做一件什么事情；总经理，我最近有个什么样的想法；总经理，目前我们的工作已经进行到什么阶段了。

假如总经理说："好，我知道了。"知道了就行，你退出，这件事情就完了。

假如总经理有兴趣了："你谈谈看。"好，继续谈下去，让总经理知道你在干什么。

所以说必须要请示。

有的人总是自怨自怜，自以为怀才不遇，其实好酒还怕巷子深？你不

主动展示，谁会像刘备找诸葛亮一样，三顾你的茅庐？何况你的上司是你人生中最大的客户，你不展示给你的客户看，客户怎会把大生意给你做？

但是，请示的时候，也不能瞎请示，什么鸡毛蒜皮的事情都去问领导，这样也很麻烦。总经理会认为你没有本事，没有决断力，不知道什么事情该做，什么事情不该做，什么事情都来问我，婆婆妈妈的。这样的人不堪重用。

怎样处理这两者之间的平衡关系？

你最好在请示的时候，心里想一想，针对这个问题我有什么办法，下一步我们应该怎么做。纯粹依靠总经理的指示去做事情，你的技能也得不到提升，你个人的发展也是有限的。

打个比方，有一天，总经理从过道上走过来，部门经理拦住他：“总经理，我这个部门出现了这样的问题，现在不知道怎么办，请您告诉我怎么办……”

有一些总经理在这方面做得也不好。他一听，下级有困难找我，这是理所应当的，立即回答：“明天下午 3 点钟到我办公室来，我告诉你怎么做。”

总经理一讲这句话，那就大错特错了。那个部门经理就不用承担责任了——我向总经理汇报过了，明天下午他才告诉我怎么做。现在我没事了，无所谓了，没有担子一身轻，该玩玩去了。

到了第二天下午 3 点钟，部门经理去敲总经理的门：“总经理，您让我今天下午 3 点钟来找您，您答应告诉我怎么做。”

再看总经理，在那儿愁眉苦脸。为什么愁眉苦脸？所有的中层干部都来问他这些问题，他就必须要解决所有中层干部的问题。

“不好意思，我还没想好。你这样，4点钟再来吧。”总经理说。

中层干部反而理直气壮了：“4点钟就4点钟吧，您一定要告诉我下一步怎么做。”

倒好像是总经理对不起中层经理了，谁是谁的领导都有点搞不清了。4点钟再来，还是解决不了问题。

一方面总经理做得不好，他给自己施加了太大的压力，做了太多不应该做的事情。而中层干部，在这种环境下也不会有什么长进，个人能力不会得到太多的提升。

正确的处理方式是什么？

总经理从过道上走过来，部门经理请示：“总经理，针对这个问题我不知道怎么做，您能不能给我一个答复？”

总经理听清楚后，回答：“这样，你马上回到自己的部门，搞明白这个问题怎么来的，想办法解决。明天下午3点钟，我在办公室等你，准备三套方案来见我。”这个总经理就做得很厉害了。

部门经理只能立即回去，连夜把眼睛熬得通红，赶快制定三种方案。

第二天，部门经理揉着血红的眼睛，去敲总经理的门：“总经理，昨天晚上我一夜没睡觉，终于搞出了三个方案。A方案，B方案，C方案，请总经理过目一下，我们倾向于A方案。”

总经理拿过方案。这时候总经理就好当了。为什么说总经理好当？

因为他只要做选择题就行了，不就打个勾嘛。

强调一下，日常工作当中，总经理应该做选择题，部门经理应该做问答题。千万不要让总经理老是做问答题。

部门经理说选择 A，总经理拿过来看看，“假如出现这样的状况，A 方案还可不可行？”

总经理随便问了这么一句话，部门经理站在旁边就面红耳赤了。总经理就是总经理，我们昨天搞了一夜，都没想到这个问题。总经理看了 1 分钟，就看出这个问题，厉害。

“看来只有 B 方案了。”

总经理再拿过来 B 方案看看，“假如出现那样的问题，B 方案还可不可行？”

部门经理一听，不得了，难怪人家当总经理。我们想了一夜，这些问题都想不到。他居然只看了 2 分钟，就看出来了。他恨不得要在地上找一个洞钻进去。

“看来只有 C 方案了。”

总经理看看，C 方案就 C 方案吧，按照 C 方案执行。

中层干部按照总经理的指示，赶快去执行。他心里还想，在这么厉害的总经理手下干活，偷懒的话，吃不了兜着走。

这样的位置摆得就很正。

要求中层干部该负责的事情，就是中层干部负责，你要有自觉性，要有想法。这个事情我应该怎么处理？我向领导汇报的时候，能不能有几种方案拿出来？

作为中层干部，一出事情就要问自己三个问题：第一，为什么会这样；第二，差距有多少；第三，该怎么解决。

要回答这三个问题，必须做到：不拖延，自动自发去解决问题。

实际上这是个老话，不新鲜。世界上最不费力的事就是拖延时间，大多数失败者犯的致命性错误就在于此。有人统计过，导致失败的数十种因素中，拖延位居前三名。拖延的表现是什么？就是今天的事明天做，现在的事以后做，自己的事等待别人做，能做的事一直拖着不做，而且总是能为自己找到理由。今天太累，明天做还来得及，反正老板也不急着要，等几天不要紧。

像考试前的学生一样，总是想再过一星期我就开始复习，反正还有时间；过了一周，想再等一周也不迟，可能老师要划重点，于是又过了一周；到第三周，老师还没有划重点，于是想可能老师要到最后一周才划重点。这是一般规律。于是等到了第四周，但是听到消息，老师不划重点，这时才开始挑灯夜读，每个宿舍不到一两点是不会休息的。这就是拖延的代价。

所有的工作没有捷径，只有苦干。书山有路勤为径，学海无涯苦作舟。学习是这样，工作同样。99% 的汗水加 1% 的灵感等于成功，这是爱迪生的话。有人问牛顿，他是怎么发现万有引力定律的？他回答说，我一直都在想这件事。

关于这方面的故事有很多，我们从小受的教育就是从努力开始的。

在家，父母告诫我们，要努力学习；在学校，老师也会告诉我们，要努力才能考上大学，上了大学才会出人头地。今天，在工作中很少有人会告诉你，要努力。

以前有一个国王，发布诏书，要求把全国的智慧、哲理编辑起来。三年后，整理出的智慧和哲理共计有十本书那么多。国王认为太烦琐，于是精简到一本书，觉得还是不够精练，又精简到一页。国王还要求修改，最后只剩下一句话，就是：天下没有免费的午餐。

什么是自动自发？就是两个字：主动。这个世界上所有美好的东西都需要我们主动争取。婚姻如此，财富如此，快乐如此，健康如此，友谊如此，知识如此，机会如此，时间如此，成就如此。天上绝对不会掉下馅饼。只有主动去争取，没有一样东西可以轻易得到。这既是智慧的胜利，也是主动的胜利。

如果不是主动争取，美国黑人会有今天的地位吗？如果不是主动争取，中国能加入 WTO 吗？如果不是主动争取，你能考上大学吗？在公司里，如果你想有好的人际关系，你就必须主动问候；如果你想受人欢迎，你就必须主动承担责任；如果你想有机会晋升，你就必须主动争取任务；如果你想提高自己的演讲能力，你就必须主动发言，如果你想别人对你好，你就必须主动对别人好。

主动也就是多做一点，多想一点。不要对自己说，我必须为公司做什么，而是对自己说，我能为公司做什么。当你选择主动的时候，从竞争中脱颖而出会是迟早的事。付出与回报是必然的因果关系，它就像在银行里存钱一样，存得越多，得到的也会越多。所以，应该主动去做问答题，而把选择题留给上司。

第七个原则　让上司做好人，自己扮黑脸

你是好人，大家就都喜欢你；你是坏人，大家就都痛恨你。

好人和黑脸的关系，通俗地讲，就是好人和坏人的关系。

让上司做好人，自己做坏人。得罪人的事情自己做，让人家记仇的事情自己做，让人家把烦恼、把不满全部发泄到自己身上，让人家感觉到我们的总经理是个好人。

让上司做好人，自己做坏人，这是一种组合。好人和坏人，这个组合是很有中国特色的，在很多领域都能大量地运用。

比如你和总经理去搞销售，面对一个非常重要的客户。你们跟客户谈了，客户很想买我们的东西，现在这批货的报价是 50 万，实际上我们公司内部的底价是 30 万。也就是说，你和总经理都知道，只要对方能出价 30 万，我们就可以卖了。

客户仔细地想了一想："50 万？ 50 万太多了。这样，40 万，我们愿意出 40 万采购这批货物。如果 40 万你们愿意卖，现在就成交，签合同，我马上把钱给你。否则，多一分钱我都不愿意给。"

客户讲了这话，总经理和部门经理心花怒放，40 万远远超过我们的期望值，肯定能卖了。但是这时候，你们要注意自己的角色。

为了皇帝的形象，只好我来……！
吕后
韩信

假如中层干部，也就是你这个销售部经理一听，从沙发上跳起来，立即表态：“行，没问题。现在签合同，马上把钱给我，我立即发货。”

你这样一讲的话，回去以后，总经理不把你打扁才怪。你是总经理，还是我是总经理？我还没讲话，你就讲话了，你就成交了？

这里要注意一个好人和坏人的问题、角色的问题。如果客户讲，40万多一分钱我都不给，你作为部门经理，就要做坏人了。

你把计算器掏出来，指给总经理看：“总经理，40万是不能卖的。我们卖遍全国都不低于50万，怎么会有40万的价格呢？您这样40万卖给他，我这个月奖金又没有了。您这样40万卖下去，我这个业务没办法谈了……”叫苦连天，恨不得眼泪都要流下来。你的角色演对了。

客人一看，就想，看来40万的出价是低了一点，好像没有50万是真的买不到。

该好人出场了。好人是谁？总经理。

总经理开始安慰中层干部了，“王经理，算了，这个月的奖金拿不到，下个月再努力。你看看我们这个客户多好，要图长久利益，对不对？不要一笔生意做绝了，他这一次是40万成交，以后就是50万了。你不要那么小气。对你这种行为，我要批评的，回去要好好教育教育……”

客户在旁边听了以后什么感觉？好像占了一个大便宜，捡了一个大馅饼。这个总经理真好，亏得今天总经理在场，要不然这个生意做不下去了。把好的东西全部记到总经理的头上去了。

回头再看看这个中层干部，不太好说话，有一点死板。这就对了，这就是好人和坏人的组合。

在我们的实际工作当中，对内管理也是这样的。在这里讲的中层干部要做坏人，是指什么呢？是制度的严格执行，对下面不要怕做仇人，得罪员工的事情应该是中层干部去干，把这个理解为“黑脸”；而让员工感恩戴德，让员工感觉到有希望，把这些好处记在总经理的头上。

这是一种很好的组合。

如果不是这样的组合，大家都做好人，总经理做好人，迟到就迟到吧，早退就早退吧，什么事情无所谓；中层干部也做好人，迟到就迟到吧，早退就早退吧，这个企业还搞得好？

假如大家都做坏人，部门经理做坏人，对员工很严厉，迟到扣100元，早退扣100元，这件事情错了罚1000元，那件事情错了罚1000元。总经理更严厉，处罚得更重，员工会怎么想？管自己的中层干部是个坏人，总经理是一个更大的坏人，是个大魔头。基层员工在这个企业能不能长久地工作下去？工作不下去。为什么？看不到希望，看不到前途，感受不到温暖。

只有总经理、董事长做好人，中层干部做坏人，员工才会有一种想法——管我的中层经理是严了一点，但是我们总经理是个好人，总经理很关心我们，体贴我们，处处为我们着想。虽然好像是一种很复杂的感受，爱恨交加，但这种感受很实在，对企业发展也很有利。

总经理是好人，你是坏人，但你们俩不是敌对关系。这样的组合也有利于中层干部的发展。你做坏人，从制度出发，你对员工管理得非常严厉，总经理会从心里感激你的。一旦出了什么事，总经理会保护你，甚至会提拔你。好人会保护坏人。让上司做好人，自己扮黑脸，没什么可抱怨的。这也是人在江湖，身不由己。

附

管理老板的10个要点

对待老板的下策：阿谀逢迎，皮笑肉不笑；

对待老板的中策："3W"原则——走人(Walk)，抱怨(Whinge)，等待(Wait)；

对待老板的上策：善于管理老板。

1. 老板是人，不是神，平视老板第一重要

成功自有道理，老板创业打天下，一定有过人之处。学习老板优秀的品质和做事方式，为我所用。老板不是神，也是人，他有普通人的缺点，有时可能是相当严重的缺点，反过来，这个就是你的优势和机会。优势互补是双赢，故意发难是双输。

2. 给老板提供"选择题"

不当老板，不知道老板的思路。员工和老板的差别在于，老板只想宏观的，说的是大概，是方向；员工只想具体的，希望告诉我怎么做的细节。如果懂得换位思考，你就不要向老板提"回答题"：

老板，这事您说怎么办？而是向老板提"选择题"：老板，我有几个方法，老板您看哪个好？

3. 大胆地向老板提问

别看老板平时与你说话不多，其实老板很想知道你在想什么，用合

适的方式告诉老板你的想法。如果老板说他喜欢看电子邮件，给他发电子邮件。但是，如果老板不回复你，或回复的你不满意，请不要介意，一是老板真的不知道如何回复，二是老板没有听懂你的问题！

4. 老板很孤独，你也有责任

其实老板很孤独，很郁闷，他板着脸不说话的时候，多数不是对你有意见，而是他对自己很不满；训你一通的时候，不一定是针对你，很可能是训他自己。这时老板其实是很可怜的。你的心态要积极，认真而严肃地比照周星驰的话：“曾经有一个很好的老板站在我面前，我不懂得珍惜……”记住，你回应老板最差的方式是像鹦鹉那样说：是，是，是，对，对，对！

5. 出了问题早汇报

老板最怕“马后炮”，事情做砸了不要紧，赶快告诉老板，也许还有救。先说事实和真相，承认失误，再承担责任，采取挽回的措施。最坏的办法是不吭声，眼看着小错成大错。也许你的错，老板以前也犯过，他有办法解决。可能你会被骂一通，但是你收获了三个结果：被信任，学了几招，提高了承受力。

6. 坚持，坚持，再坚持

老板错了是常事，错了就是错了，但是你先要去执行，而不是争论和不行动，因为这个责任老板担。你也必须坚持自己正确的意见，决不放弃。如果你认定是你对的，就坚持自己的判断，坚持自己的原则，用适当的方式进谏，最后一定会得到老板的支持！

7. 你是“安眠药”，也是“镇痛剂”

老板是这个世界上最容易患失眠症的人，也是最“痛苦”的人。你应当是老板的“安眠药”，也是“镇痛剂”！最好的办法是承诺，承诺结果和行动措施，我干什么，怎么干，告诉老板：“我会把事情处理好，出事我负责！”

8. 提前做计划

老板的工作安排很多。如果员工不懂得时间管理的方法，就算加班也不会有结果。重要的是，提前做计划，预测可能的变化，然后不折不扣地执行。

9. 把经验做垫脚石

老板喜欢按经验出牌，不过，这并不代表你也可以拿经验当“圣经”。经验只是垫脚石，踩上去一定要踩稳了，试一次，千万别简单模仿。毕竟你不是老板，有时候按老板的经验反向思考，可能更管用。

10. 别犯重复的错误

犯重复的错误是大多数老板不能忍受的，在老板淘汰你之前，先假设自己把自己淘汰。你要么“刷新”自己，超越一次，要么大声喊出来“老板，我的特长不在这里，也许还有新的合作机会”。

上司不得不赏识你的19个细节

1. 比别人早一点到公司

比别人早一点到公司有什么好处？也许一次两次没有好处，但是如果你经常比别人早一点到公司，领导他会知道的，然后领导会有一种想法：你对工作非常重视，你和我们公司有感情，有一些任务可以交给你去做。

2. 不要一到下班时间，就走得无影无踪

下班了，象征性地看一下公司里还有什么事情要处理，看看需不需要自己帮忙，这也体现出对公司的热爱。虽然就那么简单地、礼节性地看一下、问一下，总经理也会感觉到你还是不错的。假如公司里在加班，而自己帮不上忙，回家以后可以打个电话到公司：“总经理，那个问题有没有处理好？”表示一下自己的关心，总经理会记得这些细节。

3. 在单位不要谈论自己的私事

在公司里，提倡大家穿统一的工作服。为什么要穿统一的工作服？就是只有工作，没有个人的情感、个人的恩怨在里面。倡导一种平平淡淡的工作关系，不提倡进入对方的私人领域和私人空间。一旦进入对方的私人空间，工作会受到影响。一些外资企业有个规矩，男女谈恋爱，发展到结婚，结婚以后，公司就有明确规定——留夫不留妻，留妻不留夫，

只有一个能留在公司，另外一个人要走。为什么这样？为了保证工作不受私人感情的困扰。

4. 不要搪塞自己的上司

不要心存侥幸，想蒙老总一把。老总是聪明的，他不是傻子。有的时候你蒙得了一时，蒙不了一世。公司对你的评价是你自己努力的结果。你的工资奖金是你自己发给自己的。古人说“天道酬勤”，你实在不应该做自欺欺人的蠢事。

5. 既然承诺了，就要把它做到位

说好几点到就几点到，不要迟到；交给你做的事情，你承诺什么时候做，就什么时候做，承诺什么时候做好，就什么时候完成。在没有履行承诺的时候，任何理由都不是理由，不要给人一种不守信用的感觉。如果你不守信用，领导就不会信任你。

6. 在工作期间不要高谈阔论

高谈阔论会造成什么后果？一个是陪你聊天的那个人，他会感到今天你比较清闲。另一个后果是其他人会感觉这两个人又没事干了。

7. 不要在老板不在的时候偷懒

纸是包不住火的。老板非常注重下属在背后的所作所为。你平时表现再积极，如果他有一次听说你在背后吊儿郎当，那么“黄金变石头”，你的个人形象一定来个大掉价。

8. 不要把公司的财产带回家

哪怕是几张纸，或者是鼠标，这些小小的东西，都不要去碰它。你也不能堂而皇之地用公司的电话讲自己私人的事情，如果嗓门还倍儿大，就更说明你缺乏教养了。

9. 在工作场合要注意一些礼仪

服装方面，不要和公司的文化相悖很远。有的人喜欢在身上文个图案，实在幼稚，正规的公司是很排斥这一点的。留个长头发，浓妆艳抹，把眼睛画得像熊猫眼，嘴巴涂得像血盆大口，戴个耳环拳头大，叮当叮当，这些都不好，领导看了心里会不太舒服。他会觉得，这个人没心思干工作，你这身行头显示你干工作不专业。

10. 不要把一些私人的东西带到办公室来

比如家庭的照片，一些女同志可以适当地在这方面有所表示，但是不要太过张扬。工作场合不是私人会所，也不宜把吃饭的事情搞到办公室，弄得汤汤水水、盆盆罐罐、气味久远，破坏了办公的气氛。

11. 工作场合回避私人电话

有的人认为，我不打私人的电话，我接私人的电话行不行？我说，如果在工作场所接到私人的电话，最好是到外面去通话，不要让其他人听到。如果被其他人听到，会干扰工作。你我都是女孩子，你男朋友打电话来关心你，我就想，我那个没良心的还不知道在哪儿呢。而且这些是你私人的事情，你没权利迫使其他人听到。

12. 养成“我马上办”的干练作风

领导给你布置任务：“张三，你去把事情处理一下。”你回答：“好，我马上就办。”如果你养成这种作风，领导会赏识你的。

13. 即使工作再辛苦，也要学会苦中作乐

不要整天一副苦瓜脸、倒霉样，谁也不欠你的钱。有没有搞清楚，你的脸色做给谁看，谁要看你的脸色行事？如果你的工作确实辛苦，却表现出很乐观，上司会认为你意志坚强，能堪大任。

14. 甘愿做一些配角的工作

只有小演员，没有小角色。如果你在某些场合能躬下身子、弯下腰，做点别人认为你的身份已可不再做的事情，你获得的尊敬和赞扬会更多。

15. 不要和竞争对手有太多的往来

和竞争对手有太多的往来，领导会不开心的，即使私下里有一些往来，在工作场合也不要表现出来，更不可以拿出来炫耀。这是一个招忌讳的事情。当然更不可以泄露公司机密。

16. 能受一点委屈

要沉得住气。吃亏是福。宰相肚里能撑船。没有一点城府，怎能有大发展？我们说要有很好的“逆商”。不要把怨气发泄到工作中去，更不要把怨气带给客户。

17. 不要抱怨自己的薪水太低

对于自己的薪水问题，一定要守口如瓶，不要轻易地跟别人讲，不

可以跟同事抱怨：我怎么就拿这么一点点钱，老总怎么还不给我加工资？这些话最好不要讲，老总听到了，会很不开心。

而且客观上讲，现在是市场经济，不是你拿多少钱，就能干多少活儿的。相反，是你做多少事情，就拿多少钱。你只要付出了，总会有回报的。可能回报的时间会有一点差距，本来你今天做的贡献，下个月才给你发奖金；可能回报的额度会有一点差距，本来这件事情你功劳很大，应该得到3000元的奖金，公司只给你发了2000元。绝对的公平是没有的，但你要相信，有付出就有回报。

18. 不可以用撂挑子的方式显示自己的价值

这件事情对我不公平，我不干了，我看你们其他人怎么运转下去。实际上这是很不理性、很愚蠢的做法。你撂挑子不干，总经理一听，可能会来了解情况，给你一点安抚。但是你离开以后，总经理就想：这个人居然敢给我撂挑子不干！下一次他再撂挑子，我怎么办？得赶快找一个候补的人选，想出一种办法。你有再大的怨气，都不可以用撂挑子来体现自己的价值，显露出自己的不平衡感。

19. 搜集市场情报向上司汇报

不管是逛街，和朋友闲谈，还是出差到外地，一旦听到外界对本公司及本公司产品的评价，或者我们的同行有一些动作，立即整理出来，用适当的方式向领导汇报。企业需要有心人，领导更需要能具体帮助到他的有心人。

CHAPTER 3

第三章

如何与其他经理共事

有这样一个故事：一只兔子坐在山洞口打字，一只狐狸跳到它面前说："我要吃了你！"兔子说："等我把这篇论文写完也不迟。"狐狸非常奇怪："你能写什么论文？""我的论文题目是《兔子为什么比狐狸更强大》。""这太可笑了。你怎么可能比我强大？"兔子一本正经地说："不信你跟我来，我证明给你看。"它把狐狸领进山洞，狐狸再也没有出来。

兔子继续在洞口打字，一只狼跳到它面前说："我要吃了你！"兔子说："等我把这篇论文写完也不迟。"狼非常奇怪："你能写什么论文？"兔子说："我的论文题目是《兔子为什么比狼更强大》。"……兔子又把狼领进了山洞，狼也再没有出来。

过了一会儿，兔子和一头狮子走出了山洞，狮子打着饱嗝说："……"

中层经理要有“打群架”的意识

穷人看不起富人，富人也看不起穷人，这是我们生活当中的一个现象。

富人看不起穷人，因为穷人没钱，没钱说明你没本事，所以我看不起你。而穷人也看不起富人。为什么看不起富人，富人不就有两个臭钱，两个臭钱还不知道是偷来的、抢来的、贪污来的，还是骗来的、做三陪得来的，有什么了不起？我人穷志不短！

中国人不是文人相轻，而是人人相轻，只要想轻视别人，总有理由。比如城里人轻视农村人，南方人轻视北方人，开车的轻视走路的，走路的轻视扫马路的，吃饭的轻视做饭的……就是不会相互尊重。

在企业中，就表现为硕士轻视本科，本科轻视大专，大专轻视中专，名校轻视非名校，干部轻视职员，职员轻视工人。更搞笑的是学理科的轻视学文科的，学文科的轻视学理科的，市场部的轻视技术部的，技术部的轻视市场部的，生产人员看不起销售人员，销售人员看不起采购人员，采购人员说不定还看不起搞人力资源的，而搞人力资源的看不起财务人员。

我常听到“他们技术部的水平不行，解决不了什么质量问题”“他们市场部的人员素质太低了，基本的产品知识都不具备”……废话加挖苦话、风凉话，听了让人不是滋味。

彼此都看不起！

生产人员会这么想，我们生产部的人整天没日没夜地辛苦。没有我们生产部的人，就不可能有产品。没有了产品，这个企业还能叫企业吗？所以我们生产部是老大。

而销售部的人看不起生产人员，他们的理由如下：你们看企业发展的资金从哪儿来的，你们的工资、奖金从哪儿来的，所有的钱从哪儿来？是我们销售人员从市场上挣回来的。是我们和客户谈判，想办法把客户的钱拿过来的。没有我们，你们有工资，有奖金吗？没有我们，企业能发展吗？是我们在养活大家，有没有搞错。

人力资源部经理了解这些情况后，更是气不打一处来：看看你们这些生产人员、销售人员的素质，就靠你们这种素质，企业能发展吗？亏得我们人力资源部在发挥作用，请老师经常来讲课，提升大家的素质，企业才有今天……

财务人员看起来文质彬彬的，骨子里面却傲得很。他们看到搞生产的、搞销售的就想笑，心想：这帮人头脑简单、四肢发达，就知道做一些傻事、呆事。我们财务人员才是公司真正的脊梁，为什么？公司的命脉掌握在我们手上。公司里什么是命脉？利润。收入多少，支出多少，你们知道吗？你们不可能知道的，只有我们知道，我们是真正的核心。

一个中国人是一条龙，十个中国人是十条虫，此言不虚。曾经有人戏言，美国人喜欢打桥牌，日本人喜欢下围棋，而中国人喜欢打麻将。打麻将的秘诀就是："盯"住对家，"关"住下家，"跟"住上家，我不和，起码不能让你们和。

这种思想到了工作中就变成了“不患寡，而患不均”。大家都是经理、部长，我得不到的，坚决不能让你们得到。我的奖金不高没关系，重要的是你的奖金不能比我多。大家都没功劳是最理想的，天下太平，怕就怕你比别人多了一点小功劳！

开会讲话都是“我们市场部”“他们技术部”“他们物流部”“他们财务部”，听起来不像是一个公司的，像有仇。有一次，一个经理为他部门员工薪酬的事情问总经理，“你们公司……”总经理火了，当时反问了一句“你们是谁？公司是谁？”他一下子愣住了。

美国人在自家小孩读幼儿园的第一天，回来问的是“你今天为别的小朋友做了什么？”“你为老师做了什么？”……这是从小培养合作意识、团队精神。我估计中国的父母可能问的是“你今天喝了牛奶没有？”（担心自家小孩没喝到）“你今天在幼儿园乖吗？”（担心不乖被人打）……所以中国人从小受到的教育是强调利己，而不是合作。

看看那些广告语，“我有，我可以”“我选择，我喜欢”“我运动，我快乐”之类的东西到处泛滥，其实这里就隐含着一种很突出“自我”的思想。我不明白为什么我们中国人老爱做些矫枉过正的事情，把西方的个人价值观夸张到极端自私的地步。一个社会也好，一个企业、一个组织也好，应该是我为人人，人人为我。不合作就是不利己。如果大家都强调自己，漠视别人，这个国家不会进步，一打仗又要做亡国奴。

缺乏团队精神，企业内耗就多了。有的公司要花 40% 的工作时间解决内耗，因为部门间的摩擦太多，个人间的摩擦太多。为什么国外几万人的公司都管得好，咱们中国企业百十来号人就像一盘散沙？这不是一个管理制度或管理手段的问题，而是一个文化的问题。历史上一个组织、一项事业毁于内讧的教训有很多，非常值得我们吸取。私心太重，就不会顾全大局，不顾全大局，就学不会妥协，不会妥协，就天天吵架，你争我斗，企业就在这样的内耗中耗尽了。

你看不起我，我看不起你，我拉着拦着不让你进步，你哭着喊着跟我争奖金，中国特色的办公室闹剧在一幕幕地上演。

有这样一个故事：一只兔子坐在山洞口打字，一只狐狸跳到它面前说："我要吃了你！"兔子说："等我把这篇论文写完也不迟。"狐狸非常奇怪："你能写什么论文？""我的论文题目是《兔子为什么比狐狸更强大》。""这太可笑了。你怎么可能比我强大？"兔子一本正经地说："不信你跟我来，我证明给你看。"它把狐狸领进山洞，狐狸再也没有出来。

兔子继续在洞口打字。一只狼跳到它的面前说："我要吃了你！"兔子说："等我把这篇论文写完也不迟。"狼非常奇怪："你能写什么论文？"兔子说："我的论文题目是《兔子为什么比狼更强大》。"……兔子又把狼领进了山洞，狼也没有出来。

过了一会儿，兔子和一头狮子走出了山洞，狮子打着饱嗝说："你干得不错，今天我吃到了非常丰盛的美餐。"

从上面的故事中不难看出，兔子和狮子的合作是一个双赢的结局。

狮子可以不费力地吃到美味猎物，而兔子也因为有了狮子的保护，免除了性命之危，可谓是各得其所，各得其乐。在这里，缺少了任何一方都不会有如此完美的结局，这或许就是团队的神奇之处。

团队的一个重要特征就是互补性。企业作为一个特定的团队，部门之间、员工之间也是具有互补性的。

在我们的企业里，谁不重要？生产部不重要吗？销售部不重要吗？采购部不重要吗？人力资源部不重要吗？

想来想去，哪个部门也不能空缺，谁对谁都很重要，谁也离不开谁，这就是团队。

当然，一个企业中总会有那么几个特别突出的部门，或者特别突出的人，与此同时，总会有很多与之相比相对“不那么突出”的部门和人。在处理特别突出者和相对“不那么突出”者之间的关系时，我们有的经理主张把眼睛只盯在那些特别突出的人身上，而忽略了多数“不那么突出”的人，认为只有这样才是尊重人才，才能提升企业的核心竞争力。我以为，这实在是认识上的一个极大的误区。

我们不否定特别突出者在一个团队中的作用，但不赞同把这种作用无限地夸大，甚至可以忽略企业中相对“不那么突出”的部门和人。古人云：“尺有所短，寸有所长。”每一个人都有自己的长处和不足，再优秀的人也有他的不足，再平凡的人也有他的不平凡之处。从另外一个角度看，一个人再能干，即便浑身是铁，也打不了几枚钉子。

因此，个人的力量再强大也是有局限的。而现代企业之间的竞争表明，影响企业竞争力的核心因素不是个别人的力量，而是企业的整体实力，也就是团队的力量。真正形成核心竞争力的不是个别人，而是团队的整体实力。因此，以忽视绝大多数人的存在来突出少数人的价值，以损害绝大多数人的利益来优化个别人的利益是不足取的。因为，这样做的结果只有一个，那就是削弱了团队的力量。

从上面的故事中我们可以看到，保护“弱者”的利益并不影响“强者”的利益。而恰恰相反的是，强调保护强者的利益，首先必须要保护好弱者的利益。试想，狮子如果不能对兔子的生命给予保护，它还能像现在这样，轻而易举地就吃到兔子给它带来的美味吗？如果我们单方面强调狮子的重要，我想兔子和狮子是不能形成一个利益共享的高效的团队的。

此外，从长远来看，现在的强者未必就是今后的强者。俗话说“天外有天，人外有人”，这是不容忽视的客观事实。特别突出总是相对的，“不那么突出”却是绝对的。一旦有朝一日现在的突出者变得“不那么突出”的时候，他们也会遭受到现在的“不那么突出”者遭到的冷遇。且不讲这对他们是否公平，当他们看到其他人的现状后，能让他们没有后顾之忧吗？

由此可见，我们提升企业核心竞争力，既要重视特别突出者的作用，更要发挥绝大多数“不那么突出”者的积极性和创造性，唯其如此，团队的效率才可发挥至极致。千万不要以为，只有自己最重要。企业是靠“打群架”获取市场的，也是靠“打群架”一步一步发展的。什么叫“打群架”？

就是说在市场竞争当中，我们这个企业和我们的同行——竞争对手，在一起竞争的时候，不是靠我们的总经理和人家的总经理打架，不是靠我们的董事长和人家的董事长打拼，而是靠团队，靠我们企业所有的员工，这是我们的凝聚力、战斗力、沟通能力、协调能力，我们对产品的认知、对市场的把握、对客户的服务，和我们的同行——竞争对手的凝聚力、战斗力、沟通能力、协调能力，他们对产品的认知、对市场的把握、对客户的服务的竞争是我们这一群人和他们那一群人的竞争，所以说是“打群架”。

很多外资企业在这方面值得我们学习。可口可乐与百事可乐竞争得那么厉害，我们可能不知道可口可乐的总裁是谁，也不知道百事可乐的总裁是谁，但是我们要承认一个事实，就是可口可乐的销售人员和百事可乐的销售人员出差碰到一起，眼睛里面都会冒火花的，这就是“打群架”。

可口可乐公司的销售人员出差的时候，住酒店，他首先问：你们这家酒店有没有可口可乐？没有？扭头就走，到另外一家酒店去。他们吃饭同样如此，首先问你这家饭店有没有可口可乐？没有？扭头就走，到另外一家饭店去。

时时刻刻关心自己的产品，关心自己的企业，这就是“打群架”思想的具体表现，而不是“窝里斗”。“窝里斗”能避免吗？似乎很难，但应该努力避免。努力避免“窝里斗”，不是不要争论。事实上，因为看法不同，冲突是在所难免的。原因当然多种多样，或许角度不同或许立场不同，也许时间点不同，对同一事物的看法都会有所不同。在企业里，这种争论非常正常，应该允许存在。

生产人员可能从生产的角度看，我们企业的发展应该如何做；而销售人员说，我们的产品要在市场上竞争，企业必须要如何。因为视角不同、看法不同，必然会有冲突，不要一味地固执己见，认为对方讲的都是错的。

一味地固执己见是一种本位主义的表现。

吉列公司的总裁有一次问下面的中层干部两个问题。第一个问题是：“大家是不是认为，我们公司成本太高，浪费很严重？同意的举手。”所有的中层干部都举手。总裁又问了第二个问题：“有哪一位经理认为，本部门浪费很严重，成本太高？同意的请举手。”一个举手的都没有。

这就是本位主义。看别人，处处是毛病；看自己，处处是优点。

横向管理的两个难点

1. 第一个难点：你我之间没有强制性

你是经理，我也是经理，你是部长，我也是部长，个头一般高，各有一亩三分地，凭啥我听你的？

与上司相处的时候，我必须听他的；与下属相处的时候，他必须听我的；这两件事情都简单，都好办。难就难在与同僚相处，因为谁也不管谁，所以谁也不听谁的。因此，横向管理比对上管理、对下管理要复杂。

当我们这个部门需要别的部门配合、支持的时候，总有一种“求人”的感觉在心头。虽然办公室是一墙之隔，但从这扇门跨进另一扇门，不亚于一个美国人到古巴寻求帮助。

由于没有强制性，拒绝合作的方式也是五花八门。

水平最低的不合作的方式是：你进来了，他装作没看见；你说话了，他装作没听见；你拉着他袖子，脸上堆满笑，用最温柔的声音第三次重复你的期望时，他斜你一眼，似乎是从鼻孔里吐出几个含混的音节：我忙着呢，没空！

水平中等的不合作的方式是：你讲着，他听着，你讲得很热忱，他听得也很认真。你讲完了，他说："这事不是我不帮你，而是我做不了主。你应该去找你的分管副总，让他找我的分管副总。如果我的分管副总同意了，他怎么说，我就怎么做。"

造诣最高的不合作的方式是：用制度把你打回去。

销售部王经理明天要出差，有一个重要的合同必须去签订。出差要费用，王经理到财务部预借现金。财务部汤经理说："很不巧，备用现金没了。今天是星期三，又不能到银行去取，因为公司财务制度规定，只有星期二才能到银行领取备用金。而且，像预借资金的事情，按规定必须提前两天打申请。"

王经理一听有点生气："我出差不是个人去旅游度假，是公司有合同要签。你就不能从公司利益出发，考虑考虑公司？这个合同不签，损失会很大！"

财务部汤经理也火了："我不考虑公司利益？公司的钱想花就花，想什么时候拿就什么时候拿，公司还有什么利益？财务制度是纸糊的，财务部是泥捏的，你想怎么弄就怎么弄？”

一阵鸡飞狗跳的争吵后，销售部王经理扔下话：“明天出不了差，不关我事，你要负全部责任。”然后掉头而去。

财务部汤经理也扔了一句话：“只要我汤某做财务部经理，制度你别想破坏！爱咋咋地。”

谁也没有错，倒霉的是企业。

是不是非得这样？有没有好的处理方式和结果？

假如财务部汤经理这样处理：“王经理，您要借出差费用，但很不巧，手头没有。而且像借费用这样的事情，必须提前打申请。不过您的情况比较特殊，如果耽误您出差，不能签合同，就有大麻烦。不如这样，您现在写申请，我和您一起去找总经理，看能不能让他特批一下。顺便我们也讨论一下，以后遇到这种情况怎么办，把财务制度完善起来。”

假如遇到这样的汤经理，岂不是企业之幸？而在没有强制性的情况下，能这样做的又有几人？

2. 第二个难点：当面不说，背后乱说

在西方的企业做事与在中国的企业做事不太一样。

西方的企业靠制度在管理，人情味比较淡。你这个人有没有能力，能不能胜任这个岗位，上岗以后你的业绩是不是跟企业的要求相匹配，如果能符合这个要求，你就是一个好经理。而中国的企业讲究人情味，能力、贡献与职责是否匹配，固然是不可缺少的一方面，还有一方面，就是大家对你的评价。

中国人喜欢互相议论，互相评价。还有个特点，不和当事人讲，往往和别人讲。我就发现有些公司人与人之间特别不坦诚，大家总是相互猜疑，经常听到这样的话："我知道他是这样看我的……""他肯定在老板面前说了我的坏话……""这件事情我不好说，不想惹麻烦……"人前不说真话，人后乱说坏话。于是，企业的市场问题、生产问题变成了人际关系的问题，简单的问题搞复杂了。

中国人从小就被教育不要信任别人，到了读中学的时候就会耍政治手腕了，刚才还在一起踢球，转身就找老师打小报告。我的初中班主任每天轮流安排人写纪律监察报告，有些人活得不阳光，就是这样被教育出来的。

不讲诚信也是从小养成的坏毛病。我妈妈从小教育我不准撒谎，她自己却没有做到，邻居来借油，有也说没有，答应给零花钱，不一定给，经常到公家的地里摘两棵菜拿到自己家……有些人说谎跟玩似的，因为家庭教育和学校教育都没上好这一课。进了企业，就是对同事不讲诚信，对老板不讲诚信，对客户不讲诚信。

我们跟老外打交道，有问题他们会当面指出，不管多难堪，但并不妨碍吃饭的时候他跟你谈笑风生。所以老外开会，会上可能有10种声音，会后只有1种声音；中国人开会，会上没人说话，会后可能有10种声音。我们老板开会结束时通常会问"大家还有什么意见"，全体沉默。一出会议室，跑到自己办公室，门一关就开始开部门小会了。

无论在社会或是企业里，诚信度越低，运行成本越高。中国人只信任跟自己有血缘关系的人，很难相信别人，其实是我们的社会不够文明的一个表现。

张部长对李部长有意见，而张部长不去跟李部长当面讲，却跟下面的人讲，跟旁边的人讲，搞得公司上上下下都知道张部长对李部长有意见，只有李部长一个人不知道。

如果李部长知道了，肯定很生气，但是能不能去问张部长“你是不是对我有意见，那句话是不是你讲的”？不能问，一问就会自讨没趣。张部长肯定回答：“我怎么可能讲这样的话，谁在嚼舌头？你想想我们之间的关系多好，不要相信那些谣言！”

麻烦这就来了，你说我的坏话了，我又不能去问你，那怎么办？我只有反击：“这个张部长居然说我李部长的坏话，他不是个好东西。”李部长人前人后地开始讲，张部长不是个好东西，搞得全公司上下都知道张部长和李部长有矛盾。

总经理听到了，张部长和李部长矛盾这么大，看来我要调解一下，于是找来两位：“我听到一些风言风语。两位部长，你们说说看究竟有什么意见，一起摊到桌面上来讲。”

张部长和李部长肯定异口同声：“总经理，没有的事，您不要听那些。我们两个人合作很好的，关系不错的。”

总经理一听这话，有些不自在。你们都没问题，看来我神经过敏，我有问题。

同事之间的议论还有一个特点：谁讲的比讲什么更重要。

假如张部长听到一种议论：“张部长在那个问题上犯错误了，他要承担责任……”张部长第一个反应：谁讲的？千方百计要打听出是谁讲的。当他听说是看门的老头讲的，心里一块石头就落到地上了，那句话也就黄金变石头：这个看门的老头算什么东西？他居然还讲我这个话，我根本不把他放在心上。

假如张部长打听到，那句话是总经理讲的，马上心就悬起来了。总经理讲这个话，不得了。我要赶快澄清，赶快找总经理说这件事情。

假如打听到是李部长讲的，他心里就开始记恨：李部长不是个好东西，他居然在背后说我坏话，我以后要小心一点。张部长会影响到下属：“你们几个，以后只要李部长的人过来，不要搭理他。李部长那边有什么事情，你们看着办，不要理睬他。他算什么东西？”甚至把这种思想不遗余力地扩散到任何他能扩散到的领域。

横向管理的两个对策

1. 第一个对策：强化内部客户链

也就是说，强化内部客户关系。

生产部的人和销售部的人有矛盾，究竟有何矛盾？原来是因为按期交货的事情。

销售部对生产部有意见，说我们在市场上千辛万苦把客户争取过来，而你现在没有货给人家，让我的工作怎么做？

生产部也有一肚子理由：你想要货就要货，恨不得你说要，我就必须立即递到你手里。但我们生产是要时间的！你不给时间，我哪有货给你？何况我们还要等采购部把原料送过来，他们耽误了，我们也没办法。

这时候，两个部门可以坐下来好好谈谈。

首先谈生产部，要有服务的意识，现在你生产部的“内部客户”是谁？是销售部，你的工作就是努力让销售部满意。销售部提出来，你必须按期交货，必须满足这个“内部客户”的要求。如果不能满足，那就是你的错。

再谈销售部，你要让“内部供应商”，就是生产部很好地为你服务，有个前提，就是必须按时、准确、清晰地把生产计划单提交给他。如果做不到这一点，“内部供应商”无法确保满足你的要求。所以，必须配合生产部，把生产计划单的工作做好。某种意义上讲，在提交生产计划单这件事情上，生产部是销售部的“内部客户”，必须把他服务好。

顺便再把采购部叫过来，采购部要明白，生产部是你的“内部客户”，你不把他服务好，他就无法生产。所以你与他之间有个按时、按地、按质、按量提供原料配件的问题。

还有人力资源部为其“内部客户”提供培训新员工的问题，质量技术部为其“内部客户”提供技术支持的问题，后勤保障部为其“内部客户”提供后勤服务的问题等等，都可以坐下来谈。

大家嘴上说话不算数，现在我们把它写下来，形成制度，形成内部客户服务的文本。谁如果没有履行承诺，没有满足“内部客户”的要求，那就要接受惩罚，要承担违约金。

诸如此类，一环套一环，谁对谁负责，这就是内部客户链。

2. 第二个对策：倡导找当事人主动沟通

有话放到桌面上来讲，不要在背后瞎说。我记得当年的联想总裁柳传志就很倡导这种风气，并且把它作为一项纪律，要求所有的管理人员做到。

当然中国人的沟通方式，也存在一点特殊情况。

国内有一个女歌星，早些年到西方嫁给了一个老外，后来生了好几个小孩。有一次在中央电视台做采访，主持人就问这对夫妻："你们一个东方人，一个西方人，结婚以后有没有矛盾？"

夫妻俩回答："谁家的烟囱不冒烟？谁家没有矛盾？肯定有矛盾。"

"有矛盾了怎么处理？"

女歌星说："一吵架，我就回到自己的房间，抱住自己的枕头，倒在床上，哇哇哭，每次哭得都很伤心。"

主持人问那个西方男人："你怎么办？"

"我要去找她谈的。"

"你怎么找她谈？她在里面哭，而且把门关起来了。"

"我去敲她的门，我一定要跟她谈，不谈清楚不行。敲她的门，她不开，我就一脚把她的门踹开，踹开还要跟她谈，不谈清楚不行。"

这确实体现了东方和西方沟通习惯的问题。

这里我们强调一下，不要回避矛盾，要主动谈，不要有太多的猜疑。中层干部之间一旦有猜疑的话，副作用极大，就会看什么像什么。

中国企业的内耗多，有个原因是说实话的成本太高。大家喜欢猜来猜去，相互不信任，本来只是工作上的问题，非要上升到政治的高度，所以都不说实话。比如我对一个经理说“你处理这件事情有问题”，他可能会联想到我不喜欢他这个人，有意针对他。然后他会思考我为什么不喜欢他，是不是上次请客没有叫我。最后一定会找出一个理由来，于是误解就造成了。

有个故事说，一个人去找邻居借斧头，可是他觉得邻居与他有些矛盾，不知道会不会借给他，所以边走边想，越想越气，最后跑到邻居的门口说：“你不用借斧头给我了！我才不会求你！”

有这么一位太太，她老怀疑老公在外面有外遇。老公每天回来以后，她都要把他的衬衣扒开，仔细查看里面有没有头发。看到一根长头发，太太就号啕大哭：“你这个没良心的，跟长头发的女人搞上了。”发现一根短头发，也号啕大哭：“你这个没良心的，跟短头发的女人又搞上了。”有一天查来查去，没头发，她依然号啕大哭：“你这个没良心的，连没头发的女人也搞。”

不猜疑，有话放到桌面上讲，这种风气总经理要倡导，中层干部要身体力行。

所以我现在强迫自己说实话，说出来至少还有消除误解的机会，不说连机会都没有了。中国人的政治敏感度太高，多半是“文革”那会儿遗留下来的，再就是东方人特有的含蓄。不是说含蓄不好，但是含蓄得过了头，就显得有些小气和阴暗了。相互不信任会活得很累，自己累，别人也累。哪里有那么多的弦外之音？就事论事完了。

谈恋爱可以把简单的事情搞复杂一点，千回百转都行。办企业要是这样，会影响效率。中国人在企业里，怕这怕那，提防心太强，往往把简单的事情搞复杂了。其实，人都很简单，都是吃五谷杂粮长大的，哪有那么可怕？都是你怕我，我怕你，相互怕出来的。

与同僚相处的两个原则

1. 第一个原则：面子第一，道理第二

给他面子，他就讲理，不给他面子，他就蛮不讲理。生活中这样的事情不少。

比如请吃饭这个问题。我们的习惯很有意思，我请你吃饭，我花钱，你来了，吃得酒足饭饱，我就会感谢你，感谢你今天给我面子。

你说奇怪不奇怪？如果他请你吃饭，你不来，他这个钱没有花掉，心里反而不平衡，还怪你不给他面子。

张部长和李部长互相请客。张部长请李部长请了几次了，李部长每次都来，张部长想：李部长这个人真不错，够朋友，每次我请客他都来。

有一天李部长反过来请张部长吃饭，提前一个星期跟张部长讲了："张部长，下个星期我请你吃饭，在曼哈顿大酒店。"

张部长一听："好，我肯定去。"

过了几天，张部长突然接到家里电话，说家里有事情，他哥哥的儿子将要在某一天结婚，而这天正是李部长宴请的日子。

麻烦来了，去参加侄子的婚礼，就不可能接受李部长的宴请，接受李部长的宴请，就不可能出席侄子的婚礼。

假如这时候张部长去跟李部长讲："李部长，明天你的宴请，我不参加了，我还有其他事情。"

李部长绝对不高兴，你怎么回事？你请我吃饭，每次我都去。现在我难得请你吃一顿饭，你怎么说不来了呢？那边饭店我已经订下来，有一些陪你的客人我已经请好了，什么都做好了，就等你来张开嘴了。你居然说不来就不来了，你这个人还地道吗，还够哥们儿吗？

要考虑李部长的情绪，张部长必须注意这个问题。

假如情景变成这样。

张部长找到李部长："李部长，你明天请我吃饭，我肯定参加，一定参加。"

"好，谢谢，谢谢。"

"明天我侄子结婚，他结婚就结婚去吧，又不是我结婚。我一定要参加你的宴请。"张部长随意地这么一讲。

李部长紧张了："怎么回事，你刚才说什么？你的侄子要结婚，你不去喝喜酒，居然跑到我这边来，吃我的宴请，这样恐怕不合适吧……"

"这有啥不合适的？你一个星期之前就约了我，我那个侄子昨天才打电话给我，有个先来后到嘛。你先请我的，我肯定到你这边来。他结婚关我什么事？我结婚的时候他又没来。"

"不好吧。你这样一搞的话，你哥哥不骂你吗？人的一生中结婚是件大事，你不去？”

“没关系，没关系，我肯定到你这儿来。”

“不行，肯定不行。这样，张部长，无论如何，你明天去参加你侄子的婚礼。我这边的问题是小事情。明天你不来，后天我请你，什么时候都能请你。”

张部长一听：“我不是对不起你了吗？”

“没啥对不起的。改天再请你。”

张部长很高兴地去参加侄子婚礼了。而李部长也很开心：这个张部长够朋友，你看看，他侄子结婚居然都不想去，要到我这边来。这个人太够哥们儿了，我好说歹说把他劝走，这样的人值得交。

在工作当中，张部长找李部长、李部长找张部长有个配合什么的，有没有问题？啥问题也没有。

相反，如果张部长直接找到李部长：“李部长，我明天不参加你的宴请了，我侄子结婚，不好意思，就这样了。”

李部长嘴上不说，心里肯定有疙瘩，接下来谈工作，互相有什么配合，肯定会有矛盾。因为在面子的问题上得罪了他，中国人特别重视这点。

2. 第二个原则：高标做事，低调做人

或者叫高调处事，低调做人。

做事情追求尽善尽美，有一个更高的目标，但是做人要低调，不要太张扬。做人太张扬了不好，在我们的生活中，这方面的案例太多了。

三国的时候，有一个著名人物叫关羽，大家都很熟悉。关羽温酒斩

华雄，过五关斩六将，应该说是一个英雄人物。但是我们来剖析关羽这个人，会发现他有致命的弱点，就是个性太过张扬，或者说气量狭小、心胸太窄。

刘备封五虎上将，关羽、张飞、赵云、马超、黄忠，关羽排名第一。关羽刚听说自己被封为五虎上将，排名第一，很高兴。他突然发现黄忠居然也是五虎上将之一，就大为恼火，说："黄忠何等人，居然与吾等为伍，大丈夫终不与小卒为伍！"

意思就是我关羽是大丈夫，你黄忠是小卒。

后来关羽在镇守荆州的时候，孙权派诸葛瑾到关羽那边去说媒，意思是你关羽把女儿嫁给我孙权的儿子，两个人结为儿女亲家，并力破曹，多好的一件事情。

但是关羽说："虎女安肯嫁与犬子乎？"我大英雄养的女儿是虎女，你孙权养的儿子是犬子，不般配。搞得孙权很没有面子。

后来孙权派陆逊去镇守陆口，陆逊知书达礼，派人去给关羽送礼。关羽居然当着来人的面骂孙权："目光短浅，居然用竖子为将！"

关羽的下场是什么？败走麦城，人头落地。

太过张扬会带来负面影响。在我们的生活中，为人处世千万不能太张扬。

张三、李四、王五，几个人是好朋友，好长时间没见面了。

"张三，最近怎么样？"大家很关心。

张三一听眉开眼笑，嘴巴都要挂到耳朵上去："很好很好，发财了，上个月挣了300万。”

他讲自己发财了，挣了300万，其他人一看他那得意样，心里不舒服：凭什么你一个月挣300万，我一个月3000块钱还没拿到呢？看他眉飞色舞、小人得志的样子，有什么了不起的？

你讲挣了300万，他就不开心。

还有一种情况，你挣了300万，李四马上来找你：“张三，我刚刚看中了一套房子，还差2万块钱。看在弟兄们的分上，借我一下。”

你借还是不借？你不是挣了300万嘛，2万块算啥？你不借？马上就有消息广为传播：张三真不是个东西，发财了，小人得志了，有两个臭钱，想当年……

你说你麻烦不麻烦，这些问题从哪里来的？都是你自己搞出来的。你不讲不就行了？你不讲300万，谁也不会跟你借钱，谁也不会对你产生反感。

有人讲，我不说挣了300万，能不能说亏本呢？

“张三，最近怎么样？”

“唉，不好不好，又亏掉50万。”

你讲亏本，自然没人来借钱。同时他们一个个都离你远远的，心想，这个倒霉鬼，快离他远一点，不要把霉气传染到我身上来，还得当心他跟我借钱。

不能说挣了300万，也不能说亏了50万，那怎么弄呢？

高手是怎么回答的？

“张三，最近怎么样？”

“还可以，还可以。”

“还可以？究竟怎么样？”

“还可以，还可以。”

永远是还可以，这就是高手。以后我们看到那些张扬的人，就知道那是半瓶醋直晃荡，没啥；看到那些说“还可以、还可以”的人，知道那是高手，你摸不清他的底。

做事情要追求尽善尽美，但是为人最好低调一点。

曾经有个企业，新来了一位总经理，他刚上任就召集所有中层干部开会，谦虚地表示自己初来乍到，请各位对企业的发展提出高见。所有的干部要么你看我，我看你，你推我，我推你，要么嘻嘻哈哈，说些无关痛痒的话。总经理也一脸的谦恭，始终微笑而有耐心。

忽然一位年轻经理站起来，他好像憋了很久：“我们企业要很好地发展，必须做到以下三条，第一……，第二……，第三……”讲得慷慨激昂，有理有据，直指企业当前矛盾核心所在。

他讲的时候，其他经理或者静静地看着他，或者低下头，专注于自己的桌面、鞋尖。讲完了，谁也不吱声，一片沉默。

总经理看看大家，好像明白了什么：“年轻人，你多大了？做经理几年了？”

年轻经理一一回答。

总经理用沉重而缓慢的语气对年轻人说：“在座的有的年龄比你大，

有的资格比你老，有的学识比你丰富，他们对企业的发展看得没你清楚吗？你讲的三条就一定正确吗？希望你以后多向老前辈请教，虚心向老经理学习。”

会开完了，总经理把年轻人请到自己办公室，亲自关上门，拍着年轻人的肩膀：“年轻人，以后公司全靠你了。”

年轻人一头雾水，您刚才在会上分明是批评我，现在怎么说这种话？

“你可能不理解我刚才在会上为什么批评你。其实你在会上讲的东西都是正确的，但你讲得太尖锐、太直接。而且你讲了以后，其他经理会觉得你比他们高，他们就可能不高兴，就可能联合起来反对你，这样你就很危险。你很危险，我就要救你。怎么救你呢？我只能毫不客气地批评你。”

年轻经理如醍醐灌顶，感叹这是职场的重要一课，不然自己怎么死的都不知道。

中层经理的亲和力

作为中层干部，和其他经理相处，必须要有很好的亲和力。亲和力究竟是什么东西？

亲和力 = 沟通力 + 包容力

沟通能力加上你的包容能力，你就是个很好的有亲和力的人。上下都喜欢，大家提到你都很尊敬，都知道这个人不错，就是亲和力强。

沟通能力具体体现在两个方面，第一是你的表达能力，第二是你的理解能力。

表达能力是，你讲话别人能不能听懂，你表述得是不是清楚，是不是准确，是不是让对方没有其他误解，是不是不会产生其他歧义。这很重要，这是每一个管理者都要锤炼的内容。

有的时候你以为自己讲得很明白，事实上对方并不明白。

打个比方，你是一个管理者，你叫你的下级筛选两个好的职工家属，因为三八妇女节要到了，打算开个表彰大会。你一再叮嘱：要找真正的贤内助，找真正体贴老公的人，千万不能偷懒，务必用心筛选。

张三、李四接受了你的命令后，当即表示：决不偷懒。

一段时间过后，张三、李四把贤内助的名单报给你。表彰会照常举行，但表彰会一结束，你就把张三、李四叫到办公室："张三、李四，你们整天在干什么？你看看找了些什么人，她们算什么贤内助，她们有什么值得表彰的？"

张三、李四一听很委屈，我们已经很辛苦了，绝对没偷懒。怎么她们就不是你满意的？

其实问题来了，你作为领导要反省自己。张三、李四认为这几个是贤内助，是好的职工家属，而你认为不是，是不是你的表达有问题？

假如你的表达是这样的：张三、李四，你们去找几个好的职工家属、贤内助，标准有如下几点：第一，在家基本不和老公吵架，吵架 1 个月不超过 1 次，1 次不超过 3 分钟，而且 3 分钟之后首先向老公道歉。第二，在家做饭、洗衣服、扫地，全部是自己干。第三，每个月看望公公婆婆两次以上。第四，每个星期亲自下厨两次以上，给老公搞两个小菜，让老公喝一点小酒。

你把这四点标准跟张三、李四一讲，然后他们按着你的标准，去找好的家属、贤内助，找来以后你满不满意？所以不要错怪张三、李四，要怪就怪你的表达有问题。

理解能力就是对方讲的话，你能不能理解。很多人自以为理解，其实不理解，这就是理解能力有问题。

有个小朋友大概四五岁，在家和妈妈整天在一起生活。妈妈和小孩有个约定："儿子，你以后上厕所小便的时候，不要说小便，说你要唱歌，妈妈就知道了。"接下来，只要儿子说我要唱歌，妈妈就知道他要上厕所了。

有一天妈妈出差了，小孩和奶奶在一起。冬天天很冷，奶奶搂着四五岁的孙子在被窝里睡觉。睡着睡着孙子讲："奶奶，我要唱歌。"奶奶一听，孙子今天怎么回事？"乖，不能唱。现在已经10点多钟了，楼上的叔叔、阿姨明天还要上班，你这个时候唱歌不影响人家吗？不能唱，明天早上起来唱。"

孙子一听，好，不唱就不唱。

又过了10分钟，孙子讲："奶奶，我还是要唱歌。"奶奶紧张了，怎么回事？"你如果唱歌，街道管委会的人就会来，闹大了会很麻烦。再忍一忍，明天一大早怎么唱都行。"

又过了10分钟，孙子说："奶奶，我无论如何要唱歌。"

奶奶无可奈何，算了算了，“好好好，到奶奶的耳朵边来，轻轻唱，慢慢唱。”孙子就到奶奶的耳边，唱了一曲泉水叮咚响。

这是理解有问题，奶奶不理解孙子的语言。

在我们的工作中，经常也是这样的。部门经理和部门经理之间，你说的那一件事情是不是他理解的那一件事情，他讲的那件事情是不是你刚才说的那件事情？

再谈包容能力。包容能力是你能否承认他的存在。虽然你不同意他的观点，但是你支持他有发表观点的权利；虽然你不同意他的见解，但是你拼死维护他发表见解的自由，这就是包容能力。

有句话说一个人的成就有多大，取决于他的胸怀有多大。

我接触过一个部门经理，在公司创立初期，他为公司做了很大贡献，公司也一直努力培养他。但他的心眼特别小，私心特别重，毫无包容精神，这是很要命的缺点。他几乎永远站在自己的立场上理解任何事情。比如，他认定他的上级（总监）不如他，但年终奖比他高，令他无法容忍，所以他经常跑到老板那儿去说上级的坏话。我提醒他，别人能做你的上级，肯定有他的长处。即使别人有问题，你也应该与他达成谅解和共识，原因很简单：你们是为一个目标工作，而且他是你的上级。可是他还在固执地寻找一切机会攻击他的上级。组织行为学有句话说“屁股决定大脑”，就是本位主义，他的大脑完全被他的屁股（个人立场）控制了。

我曾经开玩笑，评价他为“武功尽失，经脉全废”，意思是基本失去教育意义，无可救药。无论他的工作热情有多高，能力有多强，他不可能走到更高的管理岗位，这就是“性格决定命运”。我甚至断定他在生活中也不会取得成功，至少有一个论据可以证明：他33岁了，至今还没有女朋友。

与自己不喜欢或不喜欢自己的人相处，是对胸怀的极大的考验。做大事的人的胸怀都是被反对者撑大的，就像李敖所说“男人的胸怀是被女人撑大的”一样。摩托罗拉的总裁高尔文喜欢驾船航海，万科的总裁王石喜欢登山，那都是练胸怀去了。人面对大海和高山的时候，心胸自然开阔，心思都要透亮些。

我建议管理者和员工，在工作之外多想想生活，多见见世面，多长长见识。老窝在办公室那点地方，做手头那点事情，怎么大气得起来？有点事就急了。

我们搞计划生育，人口是控制住了，但另一方面，独生子会从小失去考验自己包容度的机会。人要在一个环境中才能碰到矛盾，而人一生中要不断地碰到矛盾。没有包容精神，一碰到于自己不利的事情就跳，怎么跟别人合作？怎么解决矛盾？所以中国人缺乏团队精神，也和包容性有关。

孙悟空是不是好经理？

谈到亲和力的问题，我们可以把一个人拿出来讲一讲，这就是孙悟空。

孙悟空应该说是一个非常有本事的人。假如我们让唐僧、孙悟空、猪八戒、沙和尚四个人形成一个管理团队，让唐僧做总经理，孙悟空、猪八戒、沙和尚做部门经理，也很有意思。

应该说孙悟空作为部门经理，是非常强的，非常有能力。他的性格是力量型的，敢作敢为，有思想，有行动，说到做到，雷厉风行，风风火火，确实是有执行力的。但是你看一下这个团队中，其他人喜不喜欢孙悟空？

首先问领导唐僧："你是总经理，你最喜欢哪一个部门经理？"

唐僧肯定不会讲是孙悟空。为什么？唐僧会说："孙悟空有一点能力，但是……"后面就来了。

"有一点能力，但是……"这是对我们很多中层干部的评价。这是很可怕的一句话。

为什么唐僧会这样讲？因为唐僧的个性是完美型的。完美型性格的人做事情慢条斯理，很有计划性，追求尽善尽美，说话也好，走路也好，都很谨慎，思维可能慢一点，但是他追求更大的成功。

而孙悟空和唐僧说话的时候，孙悟空的语言像机关枪一样，快得不得了。而且说起话来，孙悟空根本不考虑唐僧的感受，咄咄逼人："这明明是妖精，师父你怎么能……"如何如何。

有的时候听起来他在教训唐僧。作为领导，我好歹是个总经理，我是你师父，你居然教训我，说我人妖不分，我心里会是什么感觉？

所以一路上被念紧箍咒念得最多的是孙悟空。他不听话，唐僧不喜欢他，恨不得要把他扫地出门。所以说孙悟空在唐僧的眼中印象并不好。

猪八戒、沙和尚喜欢孙悟空吗？也不见得。

猪八戒是个性格活泼、很有意思的人。网上调查，要求女性网民在这四个人当中选一位，做自己的梦中情人。师徒四人哪一位得票率最高？猪八戒。

女网民都喜欢猪八戒做老公，做梦中情人，这让我们男人都想不通。怎么会这样，唐僧不行吗？唐僧是领导，长得也很好看。女网民回答说不行。为什么唐僧不行？因为他没有七情六欲，跟他在一起，不可能有半点生活情趣。女人跟他打情骂俏都骂不起来，打不起来。跟这样的人过一辈子不是活守寡吗？有什么意思呢？不要。

孙悟空不好吗？孙悟空是个大英雄，多好，做你的梦中情人，为什么不行？女网民回答说，孙悟空是大男子主义，他只知道自己，从来不会考虑别人的感受，他是不可能陪你去逛街的。所以这样的人不能做梦中情人。

那么，有的人说了，沙和尚不值得考虑吗？沙和尚也不行。沙和尚这样的性格应该说属于和平型，默默无闻、兢兢业业、勤勤恳恳，把自己分内的事情做好。应该说在我们的企业里，很多基层的员工都像沙和尚。但是他这种性格也有缺点，没有进取精神，故步自封，创新能力也不够。告诉这些美女，沙和尚做你的梦中情人多稳定，像一座牢靠的大山，很有安全感，多好。不行。美女回答：沙和尚太老土，土包子，选来选去只有选猪八戒。

为什么猪八戒好？美女说：他能力不算太差，关键他会拍马屁。他喜欢围着我转，我要干什么，他就干什么，懂得疼人。这样的人做老公比较合适。

当然了，假如我们问唐僧：“唐僧，你这三个徒弟当中，你最喜欢哪一位？”

唐僧肯定也是喜欢猪八戒。为什么唐僧比较欣赏猪八戒？唐僧说：“猪八戒这个人，你不要看他好吃懒做、好色，动不动就要回高老庄，他的优点还是很多的。他跟人打架的时候，打不过就跑，通风报信的往往是他，避免我们的损失更大。猪八戒还有一点，喜欢拍马屁。哪个领导不喜欢拍马屁？说两句好听的话，领导心里暖洋洋的。而且猪八戒脸皮厚，当我们出了事故，找不到人来承担责任的时候，把责任全部往猪八戒身上一推，他也无所谓。他脸皮厚，被大家骂就骂了，打就打了，不影响内部团结，多好。”

这是唐僧的思想，所以你们说孙悟空是不是一个好经理？

各位中层经理，如果把你自己比成孙悟空，你确实本事很大，能力很强，七十二番变化什么都有。但是我告诉你，你现在要修炼，争取让唐僧喜欢你，争取让猪八戒、沙和尚都喜欢你，你就能更上一层楼。

怎么让唐僧喜欢你？你要去适应唐僧。面对唐僧这样的领导，说话的节奏要放慢一点，语气不要那么咄咄逼人，有一些思想，用一些合适的方法转化，移植到唐僧的脑袋里面去，让他做决定，他自然就喜欢你。

你和猪八戒、沙和尚在一起的时候，遇到什么问题，找猪八戒商量商量，给他戴两顶高帽，“老猪，这件事情非你不可”“老猪，你真行”“这件事情上你比我强”。猪八戒一听，笑得乐呵呵的，到处讲我们的猴哥不错，他什么事情都和我商量。自然而然，你各方面的满意度就会上升。

谁去摆平铁扇公主？
我只会钻女人肚子，老猪能钻她们的心呢！

博得同僚好感的两个建议

和同事相处，我觉得还有几点建议。

1. 第一个建议：彼此尊重，从我做起

同事之间一定要互相尊重，要从我做起，而不是说他先尊重我，我再尊重他，不是那么一回事。尊重要每个人从自己做起。

就像排队，大家都在排队，秩序井然，大家都不排队，秩序就乱糟糟。如果你找一个人出来，问他排队好不好，他肯定回答排队当然好了。那你为什么不排队？“他们不排队，所以我也就不排队”，这是很多人的想法。

在企业里，中层干部之间互相尊重，需要从我做起。如果从来不想仔细听对方讲话，就是对他人最大的不尊重。

黄先生是一家公司的老板，公司有五六百名员工，由于他自身积极地投入，不管是在业务上，还是在管理上，均有相当的成效。他在运筹帷幄间，指挥若定，威风八面，宛如领军千万的大将，好不神气。

可是，他就是对儿子没办法，那种代沟怎么也无法跨越。父子俩每次一见面，没讲三句话，又是拍桌，又是摔门，弄得家里鸡飞狗跳。

这天，又是因为儿子晚归，父子俩再度针尖对麦芒。在双方面红耳赤之际，儿子突然住了口，一字一字地说：“爸，再这样吵下去也不是办法。我能不能请您把我刚刚说的那句话重复一遍？”

啊！黄先生真的吓了一跳，压根儿没想到儿子有这怪招儿。“你

说……你刚才说……做父亲的太能干，当然看不起儿子。”

“不对！您再想想看，我是这么说的吗？”

“浑小子！那你怎么说的？你自己说过的话，你自己为何不再说一次？”

儿子突然笑出声：“老爸你看，从头到尾，我说什么您都没有听。”“那些话是您自己想的，我可没这么说。我们不是要沟通吗？我说什么，您重复一次给我听，再轮到您说，我来重复。”

“喂，哪有那么多时间重复来重复去？你是真的想气死我啊！”

“爸，我们试试看吧！否则这种争吵会没完没了。您再想一想我到底是怎么说的。”

黄先生想了想，终于承认，我真的想不起来了，你再说一次好了。

“好吧！我说，父亲很能干，儿子一方面很佩服，一方面怕自己跟不上，心里多少有点压力。”

黄先生冷静一想，他说得合情合理，自己怎么会那么激动？结果，这天晚上，他们父子俩竟然可以谈上两个小时，不吵架，这个效果连黄先生也意想不到。一觉醒来，虽然睡眠不足，黄先生可是神清气爽，一大早就到公司上班了。

因为早上要开一个重要的采购会议，讨论的是采购一台价值一千万元的机器，到底用美国货好，还是用日本货好。依采购部的报价，日本货的价格便宜，东西也不差，可是总工程师主张买美国货。讨论会上，黄先生让总工程师发表意见。这是一种表面上的礼貌。总工程师知道，老板做久了的人多少喜欢独断专行，什么事情早就心有定数。经验告诉他，老板问他只是个形式，谁不想省钱？老板要买哪一种，大家早就心知肚明，因此他无精打采，说了不到五分钟就说没意见了。

若是往常，黄老板会在这个时候大唱独角戏，享受那种权威感，今天竟然说："总工程师，我来重复你的要点，你看我说的跟你的意思是不是一样。日本制的机器，价格虽然便宜，东西也不错，可是将来如果出了毛病，要他们来做售后服务，问题就来了。他们的人因为语言问题，无法跟我们直接沟通，找来的翻译对精密仪器又是外行。机器坏在哪里，我们无法充分了解，下次再发生一样的问题，还是要请他们的人来，说不定还会耽误生产时间。如此算下来，买美国货比较便宜。"

随着黄老板的重复，总工程师的眼睛渐渐亮了起来。他打起精神，再次补充。就这么你一言我一语的，大家滔滔不绝地讨论了起来……

各位中层经理，如果是吵架，彼此只顾着反击对方就好了。如果是解决问题，应该诚心去理解对方的想法。重复对方的话，一方面可以让对方放心，知道你们之间没有误解；另一方面，也可以让你在反击或下结论前，把对方的意思消化一下。通常，这时你会发觉，吵架不再是吵架，而是积极的沟通了。

站在对方的角度看问题，不仅需要容人的雅量，还需要智慧和技巧。重复对方的话，灵活运用，不失为一个很好的沟通技巧，而且，尊重对方也是一个人的基本素养。

2. 第二个建议：懂得分享，勇于担当

我接触过一件真实的事情。公司的财务系统急需升级，计划提出来已经 3 个月了，财务主任仍然没有看到想要的结果，他非常恼火，抱怨电脑部工作效率太低。

而电脑部说缺人手，派不出人来。“客户应收款和资信评估已经占用了 2 个人。人力资源部说增加 2 位工程师，至今没有到位”。

人力资源部不同意这种说法。“我们前后推荐了 5 位面试者，电脑部没一个看上的”。

口头官司打到总经理那儿，三个部门各执一词，互不相让。

电脑部认为财务主任的说法“不准确”。“只能说进度没预期的那么快，但不能说没有做”。

财务主任觉得定下来的计划就该严格执行。“要么你别承诺，要么你就做到。缺人手，那是你自己的事情。”

感到委屈的电脑部主任好像被人放在火上烤一样难受。没按计划完成是有点理亏，但总是事出有因。

人力资源部最不愿意听到有人把工作不力的原因归结到自己身上，“你凭什么说……”

“你凭什么说”的质问口气是公司内部冲突的典型用语。说话的人和听话的人都已经把矛头悄悄地从问题转移到了个人身上。这也是导致同僚关系恶化的一大毒瘤。

懂得分享成功，勇于承担责任，是不致树敌、遭同僚反感的基本条件，

也是中层管理者必须拥有的意识，实际上这也是团队的概念。

记得在中学读书的时候，我们经常听评书：《岳飞传》《杨家将》《三国演义》。在这一类评书里，经常会有这样一个章节：一个大将从外面打仗回来，他吃了个败仗，回来以后元帅大为恼火，“败军之将还有什么脸面回来，推出去斩了！”

他这个话讲完，正要把大将推出去斩了，旁边闪出一个人来说：“元帅，当前正在用人之际，不可以杀我们自己的大将，长人家的威风。这个张三还是不错的，姑且留下来，让他戴罪立功。”

元帅说：“不行。”还是要把他推出去斩了。

这时候下面所有的人一齐跪倒在地：“元帅，念张三过去的战功，看在我们大家的分上饶他不死，让他将来戴罪立功。”

场面该如何发展呢？这时候元帅讲：“好，看在众将的分上，饶他一命。死罪可免，活罪难逃……”

这是在评书中经常听到的场景，很有意思，它体现出我们中国人的一些思维和行为方式。元帅讲了，败军之将还有什么脸面回来，推出去斩了。你的颈上人头留得住留不住，靠谁？靠你的同事。

如果你的同事关系搞得很恶劣，元帅讲了，推出去斩了。其他大将一个个往那边一站，想死掉拉倒，早死早好，你也就死掉了，啥也没有了。假如你跟同事的关系很好，谁也不会看着你死的，一个个都会拼命求情。我们说这就是真正的同事关系。

附

整体目标实现的关键——横向沟通

管理大师彼得·德鲁克在20世纪六七十年代竭力倡导目标管理的时候，恐怕没有想到半个多世纪之后，他所力推的这一切竟已成为老生常谈。一个事实是，没有一个管理者不知道目标管理为何物。然而，要是追问一句，目标管理的实际效果究竟如何？恐怕鲜有管理者能给予正面的回答。

先来看看通常所谓的目标管理吧！一个规范的目标管理流程通常由目标制定、目标分解、目标调整、目标发表、目标执行情况监控、目标执行结果的评估总结六个环节组成。在一些管理基础不是很好的企业中，目标管理很少能遵循如此规范的流程，往往只是取其皮毛，以几张表格完成整个目标管理，效果如何可想而知。

许多管理者也纳闷儿，我们岁末年初召开了计划会议，制定了公司目标，也用规范的表格进行了分解，甚至将各部门的目标装订成册，进行了考核总结，为什么看不到什么结果。好像大家只是在认认真真走过场。管理者扪心自问：是领导不重视吗？是员工不参与吗？显然不是，至少不是主要原因。

究竟是什么让目标管理变得如鸡肋一般？

亲历了一个企业内部的管理沟通会议以后，我似乎找到了原因。

会议由行政部牵头召开，主题是讨论上半年各部门的目标。在此之前，该企业的人力资源部和行政部做了充分的准备，提前告知各部门经理会议议题，并给大家下发了定稿后的本年度公司目标任务书。在会议上，老总首先就公司年度目标再次重申自己的意见，尤其针对年内的关键目标，如改善服务质量、提高生产能力等谈了自己的看法。接着，各部门经理根据自己手里的本部门上半年目标管理卡发表意见。

给我印象深刻的是销售部经理的发言。她是一位工作出色的年轻女士。这位女士针对每一个考核目标，都会提出自己的看法，包括目标是否合理，如何修改，如何完成，需要怎样的配合。

在谈到大客户份额这一考核目标时，她告诉生产部经理，如果本部门要完成大客户份额，生产部在对大客户订单排产时就必须优先。

生产部经理是一位干练的男士。很显然，他对自己的业务很熟悉。他解释了生产部排班的困难，同时表示能够做到让大客户订单得到优先，但是需要销售部有比较规范的下单计划，公司高层要尽量减少对生产计划的直接干预。

老总也插话进来，他对公司销售和生产两部门之间的协调配合谈了自己的观点，同时表态，此后的订单计划和生产计划分别由销售部和生产部全权负责。这时，销售部经理转向了下一个目标，我知道她得到了自己想要的承诺。随后，生产部、财务部等部门经理也如此发表了自己的意见。这次会议历时很久，在座的人仍然在热烈地讨论着。

这次会议上的热烈讨论让我察觉到目标管理沦落的原因恰恰在于缺少沟通。

想想吧，有多少次我们的管理者填写不计其数的表格，我们下意识地认为，表格流转就是沟通。可是，我们错了，沟通并不仅仅是通报信息，更重要的是达成共识。回到目标管理上，我们不妨反思一下，我们的公司目标得到上下一致的认可，成为所有员工的工作指导了吗？我们的目标经过了来自管理层、同事和下属的建设性质询吗？

关键也许在于建立规范的沟通平台，让所有的人都有接受信息、发表意见的渠道。譬如，公司的年度目标必须在总经理办公会议上接受质询，所有与会者都要发表自己的意见。部门目标必须在公司专题会议上接受质询。

CHAPTER 4

第四章

带领下属取得更好的业绩

有个胖子来到 1 号房间，坐下来，时间不长进来一个美女。这个美女非常漂亮，漂亮得倾国倾城，胖子一看到她，就不知道自己姓什么了。

美女跟胖子说：“先生，从明天开始，我就是你的减肥教练。”

“很好，很好，很高兴和你这么美丽的小姐一起减肥。”

“先生，是这样的，明天我在前面跑，你在后面追。如果你追上我了，我就是你的了。”

决定下属业绩的两个要素

一支军队在战场上能否打胜仗，取决于两个因素：第一，这支军队是不是不怕苦、不怕死，敢于牺牲？如果将士听到枪声一响，掉头就跑，战场的环境稍微恶劣一点，一个个就当逃兵，就投降，这支军队显然不可能打胜仗。这是态度问题。第二点，这支军队是不是讲究战略战术，是不是有很高的战斗素养，是不是肯动脑筋研究方法，能不能用巧劲，能不能以一当十？这是能力问题。

在我们的企业中，员工队伍执行力的高与低，能不能取得更大的成绩，归根到底也是由这两个因素决定的，一个是态度，一个是能力。

这里所讲的态度是什么？就是认同公司的文化，遵守公司的制度，相信公司的产品是有前途的，相信公司的将来是有大的发展的。至于尊敬领导、团结同事，诸如此类的，都是态度问题。

能力问题是在你的职责范围内，能否把布置给你的任务更多、更快、更好地完成。把态度作为纵坐标，能力作为横坐标，就形成一个坐标系，如图所示。

在这个坐标系里面，有四个象限。不管是 3 万人的大企业，还是 300 人的小企业，所有的员工都能在这个坐标系里面找到自己的位置。

有一类人是第一象限里的人，态度很好，认同公司的制度和公司的文化，认为公司的产品是有前途的，各方面都全心全意、竭尽全力地去做，能力也很强，做什么事情都能够很好地完成。这些人就是我们企业的“人财”，这个“财”是财产的“财”、财富的“财”。这样的人是我们企业的无价之宝，是我们企业的顶梁柱，是我们企业的脊梁骨，用20/80原则来分析，他们是非常宝贵的20%。

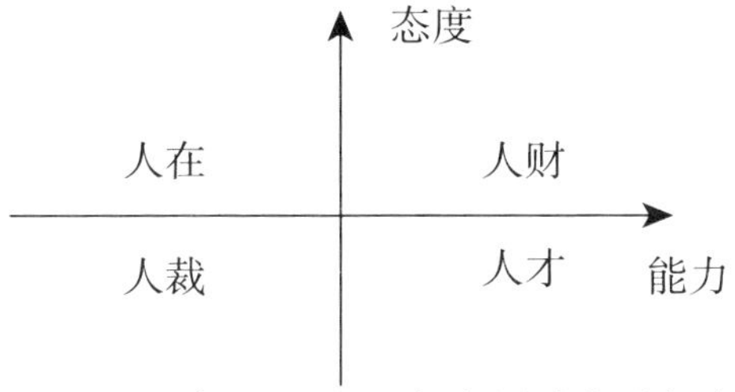

在我们的企业里面，也有一些人，态度没有问题，但是工作能力缺乏，刚刚参加工作没什么经验，或者刚刚调任新的岗位，对事情还不太熟悉。这样的人，我们也称之为“人才”。什么“才”呢？才干的“才”。这样的人是我们企业的后备队、预备军，企业愿意为他们提供足够的时间和机会，等待他们慢慢成长，随着时间的推移，这一部分人能够很好地转移到第一象限中去，成为态度好、能力也很强的人。

实际上，这两类人是企业里真正有用的人。

在实际工作当中，也有一些人，能力不错，叫他搞销售，三搞两搞就能把客户搞定；叫他搞生产，对生产所有的流程，他非常熟悉，是一把好手。但是他的态度有问题，总认为自己得到的太少，领导对自己不公平，爱发牢骚，爱讲怪话，总感觉到委屈了自己。这样能力很强而态度有问题的人，我们称之为“人在”，今天在，可能明天就不在了。这样的人在企业里能不能得到一些核心的位置，或者说能不能进入公司的高层呢？不太现实。

一般来说企业的领导不太愿意把一些核心、很重要的事情交给这样的人去办。也就是说，这样的人实际上是防而用之，要用他的才干，但是对他没有安全感。

在企业里还有一些人，能力很差，什么事都干不了，居然看这个不满意，看那个不顺眼，牢骚一大堆。这样的人我们称之为“人灾”，或者说“人裁”，我们要把他裁掉。

不管你的员工有多少，都可以按照这四个象限划分一下。而关于态度和能力的问题直接影响到企业的工作成效，直接关系到企业的工作成绩。

某种意义上说，态度还显得更重要一点。能力是可以提升的，想转变态度比较难。江山易改，本性难移。自私的人天生自私，冷漠的人天生冷漠，在这方面你想教化他们，真的是非常困难。不能说一点希望、一点可能性没有，但我觉得非常困难。尤其是那些能力很强的人，如果态度不好，就要小心。为什么？他做好事的能力很强，做坏事的能力同样很强。

打个比方，大家就能理解。

公司现在要辞退两个人，辞退张三和李四。所有的补偿、待遇，该给的都给了。“你们回去吧，因为某种原因，你们不适合在公司发展了。”

张三态度还不错，心地比较善良，是一个老实人。他被辞退了，回家很郁闷。没有工作了，就喝酒，喝着喝着把自己喝醉了。怪自己没本事，工作又丢了，明天还得去找工作。

而李四这个人态度有问题。他回家以后也喝酒，被辞退了肯定郁闷。喝着喝着，他不是把自己喝醉了，而是喝出一个坏主意：你公司搞得很红火，就只多我一个人？你公司搞得很兴旺，干吗不把我留在公司？好，既然你不让我舒服，我也不让你舒服。

第二天，他给工商局打个电话，说你违法经营；给税务局写封信，说你偷税漏税；再到社会上造舆论，说领导有男女作风问题，乱七八糟的什么污水都往公司头上泼。最后，搞得公司用很大精力去处理这些事。

这就是态度问题留下的后遗症。而你当初在用人的时候，恐怕绝对没想到这一点。

一个员工的主动性和他的热忱是无法培养的。

我经常在外面住酒店，到各个地方去讲课，通常住三星级以上的酒店。进入酒店前就发现，门口的迎宾小姐态度非常温柔，一脸的微笑，一脸的幸福，“欢迎光临”。我进到大堂到前台办理手续，前台的小姐态度也非常好，一脸的温柔，一脸的幸福，让你感觉赏心悦目。我来到客房，客房的服务员态度也很好，到餐厅，餐厅的服务员让你如沐春风。

某种意义上说，一脸的微笑、一脸的温柔、一脸的幸福感，不是培养出来的，是天生的。不信，你去找一个五大三粗的汉子，满脸的刀疤，你培训他：你要笑起来，你要一脸的温柔，要一脸的幸福。培训三年，让他站在酒店的门口：“欢迎光临。”看有没有客人敢进来。

我觉得企业在用人、选人的时候，首先要考虑到这些问题。人选对了，后期的工作会非常的顺畅；人选错了，麻烦一大堆。

做教练式经理

员工到你手下来干活儿，他不可能天生就是十全十美，天生态度很好、能力很强。

员工刚刚到公司上班两天，你要求他热爱我们公司，热爱我们的商品，热爱自己的岗位，现实不现实？恐怕不现实。

但是，随着时间的推移，两年过去了，他还是这样，对公司没有感情，对岗位也没有什么认识，那就麻烦大了。我们的中层经理平时要做好教练，嫡系部队是自己培养出来的，有意识、无意识地培养。做教练，而不要做警察。

警察是干吗的？警察是逮小偷的，专门抓坏人。你被我逮住了，那我对你不客气，我破案率高，我这个警察当得很有成就感。

而我们做管理的，能不能说“我下面的员工被我逮的越多，我越有成就感”？

过去在一些火车站、汽车站，经常能看到候车厅写着“不许抽烟”的告示牌。而有一些人烟瘾比较大，进去以后看到“不许抽烟”，但仔细观察一下，似乎也没人管，于是把香烟从口袋里掏出来，打火点燃，美美地吸起来。

其实有一个人始终在默默地关注你。谁？一个老太太。她手臂上戴了一个红袖章，上面写着“卫生检查”，拎着一个包，包里是几本收据和收的零钱。她干吗的？她是专门抓抽烟的人。

她看到你把香烟掏出来，她不出现；看着你点烟，她还不出现；当你美美地吸上一口了，她恰好出现，说：“对不起，不允许抽烟，罚款5块。”

随后她从口袋里把小本本拿出来，撕了一张纸给你。你只好乖乖地从口袋里掏出5元钱给她，等她转身走了，你还在发愣：这个天兵天将从哪儿钻出来的？

这个老太太其实也是个管理者。但她这个管理者整天巴不得“下级”犯错误。你犯的错误越多，她的收入越高，巴不得你抽一支再抽一支呢。

而部门经理能不能这样干？

管理者的权威不是建立在员工犯错误的基础之上的。有些中层干部嘴上不说，心里总期待下属犯错误。你犯错误了，我才有训你的机会；你不犯错误，我就没办法展示我的口才。平时“不把村主任当干部”，不把我这个领导放在眼里，你犯错误了，知道我是谁了吧？领导拍桌子，瞪眼，开始训人。

这是一种无能的体现。作为管理者，应该把工作做在前面。就是说，要提前告诫员工，你不可以迟到，因为迟到要罚款5元；你不可以早退，因为早退要罚款10元；你不可以出那个事故，因为有规章管着。

让员工不犯或少犯错误，严格的培训是解决问题的唯一办法。

到东京迪士尼乐园去游玩，人们不大可能碰到迪士尼的经理，门口卖票和剪票的也许只会碰到一次，碰到最多的还是扫地的清洁工。所以东京迪士尼对清洁工非常重视，将更多的训练和教育集中在他们的身上。

这些员工，有些是暑假打工的学生，虽然他们只干两个月，但是培训他们要花三天时间。

第一天上午培训如何扫地。扫地有三种扫把：一种是用来扒树叶的，一种是用来刮纸屑的，一种是用来掸灰尘的，三种扫把的形状都不一样。怎样扫树叶，才不会让树叶飞起来？怎样刮纸屑，才能把纸屑刮得很好？怎样掸灰，才不会让灰尘飘起来？这些看似简单的动作都要严格培训。关于扫地还另有规定：开门时、关门时、中午吃饭时、距离客人15米以内等情况下不能扫。这些规范都要认真培训，要求员工严格遵守。

培训完扫地后，学照相。十几台世界上最先进的数码相机摆在一起，各种品牌不同的型号，每台都要学。因为客人会叫员工帮忙照相，可能会带世界上最新的照相机来这里度蜜月、旅行。如果员工不会使用多种相机，就照顾不好顾客，所以照相要学一个下午。

第二天上午学怎么抱小孩。孩子的妈妈可能会叫员工帮忙抱一下小孩，如果员工不会抱小孩，动作不规范，不但不能给顾客帮忙，反而增添顾客的麻烦。抱小孩的正确动作是：右手扶住臀部，左手托住背，左手食指顶住颈椎，以防闪了小孩的腰或弄伤颈椎。不但要会抱小孩，还要会替小孩换纸尿裤。给小孩换纸尿裤要注意方向和姿势，这些都要认真培训、严格规范。

还要学辨识方向。有人要上洗手间，“右前方，约50米，三号景点东，那个红色的房子”；有人要喝可乐，“左前方，约150米，七号景点东，那个灰色的房子”；有人要买邮票，“前面约20米，十一号景点，那个蓝白相间的房子”……顾客会问各种各样的问题，每一名员工要把迪士尼乐园的地图熟记在脑子里，对迪士尼的每一处设施的位置都要非常地明确。

训练三天后，发给员工三把扫把，开始扫地。如果在迪士尼碰到这样的员工，人们会觉得很舒服，下次会再来迪士尼，也就是引客回头。这就是所谓的员工面对顾客。

员工的素质差不是你的错，但不能提升员工的素质，就是你的大错。

怎么能够让你的员工进步呢？你自己要想办法，可以是快乐的进步，也可以是痛苦的进步。

快乐的进步是让他在很愉快、很忘我的状态下，能力不自觉地提升，达到我们的期望值；痛苦的进步是经过一个蜕变的过程，一个痛苦的历程，就像凤凰涅槃一样，终于修成正果。

不管是快乐的进步，还是痛苦的进步，目的都是进步。

讲个故事。在东南亚有一家减肥中心，它的生意很好。为什么很好？它做了一个广告，说凡是来减肥的胖子，先交2万美元，15天之内保证减掉10公斤肉。如果减不掉10公斤肉，2万美元原封不动退给你。所以胖子们趋之若鹜，都来了。

有一个胖子来了以后，2万美元往桌子上一放：“我要减肥。”

服务生赶快介绍：“15天之内能减掉10公斤肉，我们就收下2万美元，减不掉，还退给您。”

“行，没问题。”

“好，您到 1 号房间。”

胖子来到 1 号房间，坐下来，时间不长进来一个美女。这个美女非常漂亮，漂亮得倾国倾城，胖子一看到她，就不知道自己姓什么了。

美女跟胖子说：“先生，从明天开始，我就是你的减肥教练。”

“很好，很好，很高兴和你这么美丽的小姐一起减肥。”

“先生，是这样的。明天我在前面跑，你在后面追。如果你追上我了，我就是你的了。”

胖子一听喜出望外：“很好，很好。”心想，那 2 万美元见它的鬼去吧。我如果追上你了，你就是我的了，多好。

第二天，美女在前面跑，胖子在后面追。谁知道美女是个世界级的长跑运动员，厉害得很。每次胖子快要抓到她的时候，美女“唰”一下就像兔子一样跑掉了。

但是，胖子心中充满着期望，每天晚上聚精会神地只想一件事：我明天如何把美女追到手。几乎在所有的分分秒秒里，胖子都乐此不疲，看着前面美丽的身影，心中充满了美好的憧憬。

不知不觉间，一天一天过去了，到了最后一天，胖子想：看来不行，我明天要改变战略战术，我先慢慢跑。因为根据经验，我慢慢跑的时候，她也会慢慢跑。当距离缩到最小的一瞬间，我猛地一发力，把她追到手，她就是我的了。

第二天，胖子先慢慢跑，然后猛地一发力，正想抓的时候，美女停下来：“停，15 天时间到，请你上秤。”

胖子很不情愿地到秤上一称，10 公斤肉掉得光光的。2 万美元被减肥中心收走了。

这一段时间的减肥，胖子快乐不快乐？非常快乐，他每天的生活都充满阳光。目的有没有达到呢？达到了，10 公斤肉减掉了。

这就是快乐的进步。

故事还在继续。胖子回去以后，还是有一点不甘心，肥是减了，但是美女没有追到手。不行，胖子咬咬牙，又拿出了 2 万美元，到减肥中心，把 2 万美元往那儿一放。

减肥中心的服务生一看：“先生您又来了？”

“又来了，我还要减，还要减。”

“15 天之内如果再减掉 10 公斤肉，我们收下这 2 万美元，如果减不掉，还退给您。”

“行，没问题，我早就知道这个规则。”

服务生跟胖子说：“您进 2 号门。”

房间换了。胖子进入 2 号门，坐下来。时间不长，进来一个人，是个身形魁梧且肌肉健硕的女人，长得也不好看。胖子一看，怎么不是美女呢？

高大魁梧的姑娘进来以后，跟胖子说：“先生，向你自我介绍一下，我是你这一次的培训教练。”

胖子纳闷，你怎么成了我的教练？

“我如今未婚，来这里工作也是想解决一下这个问题，我每天都在寻找知心爱人。从明天开始，你在前面跑，我在后面追。如果我追上你了，你就是我的了。”

胖子一听傻了：你追上我，我就是你的了。我可是想找个娇小可人的美女啊！

但是没办法，2万美元已经交到那儿了，要遵守人家的游戏规则，算了算了，熬吧。

第二天开始，胖子在前面跑，教练在后面追。胖子正想坐下来歇一歇的时候，教练那大而黑的手就伸上来，喊着：“你马上就是我的了。你马上就是我的了。”

胖子一看，心里一咯噔：与其被你抓到，我不如去死，与其去死，我不如拼命跑。

胖子每天都生活在恐惧之中，担心，害怕，度日如年。

终于熬到第15天，教练跟他讲：“先生，请你上秤。”上秤一称，10公斤肉掉得光光的。胖子终于结束了一段可怕的梦魇生活。

这一段时间的减肥痛不痛苦？非常痛苦。但是目的有没有达到？达到了。

作为部门经理，迫使你的下属进步，可能这两种方法都要用到。要么是让他很快乐地进步，要么是让他很痛苦地进步，要么是快乐并痛苦着进步。

提升你下属的工作能力和工作态度，进而提高你部门的整体工作业绩，应该说是一件比较复杂的事情，没有什么固定的模式，也没有什么固定的模板、套路。因为每个企业的情况不一样，每个部门的情况不一样，每个经理下面的员工情况又不一样，世界上没有两支相同的员工队伍。

所以，在这个问题上，你只有自己去动脑筋。

做教练式经理的几个程序

（1）先问下属对现在的岗位的职责清楚了没有。下属要是说清楚了，那好，你可以让他谈一下是怎么理解他的岗位职责的。他是拿着岗位职责书来念也好，背也好，总要一条一条说一下。

（2）跟下属确认，几项职责他是否都准确理解了。如负责什么事，协助什么事。他可能会问协助是什么意思。问了之后，我们跟他确认，协助是什么意思，执行又是什么意思。

（3）既然都清楚了，请下属说说这些职责是否能全部执行。他要是说差不多，就和他确认哪个是差不多的，哪个是差得多的。有的人可能会说，前面几条都没问题，但是第六条组织面试，我以前在国企没做过。让他自己谈他的能力和职责有什么样的差距。这实际上就是通过沟通，帮他找到自己的缺口。

（4）如果下属的能力和职责不匹配，没关系，告诉他：你现在做不了，我来替你做。说白了就是，这个职位的工资是你拿的，但是有一部分活儿是我这个经理替你干的。这活儿你得赶紧学会了，自己领回去，别老让别人替你做事。

（5）让下属确认什么时候才能具备履行某项职责的能力，三个月还是半年？下属领不回去这个活儿，往往是因为在这个环节没有跟他确认。如果前面确认了，到时候他具备了能力，完成工作就有了基本条件。

管理中的情、理、法

我提倡把制度比喻成火炉。为什么要把制度比喻成火炉？

过去国有企业有很多制度，凭良心说有些制度还是比较好的，可为什么到后来结果并不好？有的企业倒闭，有的企业破产，有的企业转制，有的面临这样那样的问题，为什么？关键是执行出了问题，没有把制度比喻成火炉。

火炉放在这儿，碰到火炉你会感觉到烫，而且事先你应该知道火炉是不能碰的。

那么，制度往这边一放，违反了制度是要受惩罚的，而且事先你应该知道制度是不可以违反的。

制度不是橡皮筋，可以拉拉长，缩缩短。中国人很聪明，创造了一句惊天动地的话，叫“制度是死的，人是活的”。这句话很厉害，一句顶一万句。就这一句话把所有的制度都搞得像橡皮筋一样。

有的人可能要说管理以人为本，管理要人性化。但要搞清楚，以人为本是以遵守制度为前提的，不要把人性化与遵守制度冲突起来。不遵守制度就是最大的不以人为本。

一个小伙子到美国去留学，期间交了一个女朋友。有一天凌晨2点钟，他开着车，带着女朋友出去兜风。经过一个十字路口，只有红灯在那儿毫无生气地一闪一闪，旁边一个人都没有。

小伙子心想，制度是死的，人是活的嘛。红灯在那儿闪，但旁边一个人都没有，于是，他毫不犹豫地把车开了过去。

旁边的美国女朋友不干了："你这个人，连红灯都敢闯，还有什么杀人放火的事情不敢做？和你在一起太没有安全感……"激愤之余，和他分手了。

留学生在美国读了两年书后回国，又在国内认识了一个女朋友。有一天，也是夜深人静的时候，他开着一辆车，带着女朋友出去兜风，又经过一个十字路口，红灯在闪，但依然是一个人都没有。

有了前车之鉴，上一次闯红灯把女朋友搞丢了，这一次无论如何不能闯。他远远地把车停在红灯前面，他刚停下来，旁边的女朋友不干了："你这个人死脑筋，榆木脑袋，没人为啥不闯红灯？我将来还能跟你发财致富，还能过好日子吗……"激愤之余，又和他分手了。

两个红灯把两个女朋友搞丢了。为什么这样？国情不同。

客观上来讲，美国的制度建设做得是不错的，不允许闯红灯就是不允许，不管警察在与不在。而在我们这里，有一些人总认为，不闯红灯是愚蠢的表现，不闯红灯就是吃亏。我们可能无法改变外面的大环境，但是在我们的企业里，可以把企业的制度当成红灯，当成火炉，在这个问题上不能讨价还价。

1. 制度要实用

这些年企业界兴起一浪接一浪的热潮，学习先进的企业，学习先进的管理经验。学习固然很重要，但是有一点要提醒你，每个企业的情况是不一样的。有一些制度性的东西，你可以改进、改良，但是最好不要去做改变，因为世界上没有两支相同的员工队伍。你把世界500强企业的制度都拿过来，运用到你的企业中，能不能有很好的效果？不见得。

制度要实用，你的企业有100个人时和企业发展到1000个人时，所制定的制度是完全的两回事。

在不同的市场环境下，制度也是不同的。更客观地讲，每年我们企业的制度都要完善，都要改良。因为时光又过去了一年，员工不一样了，产品不一样了，市场占有率也不一样了，必须要在制度方面做一些改进。所以制度建设是常改常新的一个话题。

打个比方，在大街上，有的地方属于私人地盘，但外来车辆经常停在那儿，有汽车，也有自行车。主人很生气，刚开始的时候，他劝人家不要停，但是主人不在，人家又把车停过来了。怎么办？主人写了一个牌子放在那儿：禁止停车，违者罚款。

主人想，谁把车停在这儿，就罚他的款。谁知道他这个牌子一放，还是有人不买账。罚款？你有什么权力罚我的款？只有公安、城管可以罚我的款，你凭什么罚我的款？照停不误。

主人很恼火，又无可奈何。制度成了虚设，没有起到实际的作用。

后来有人给他出了个主意，你不要罚款了，罚款人家不买账，改一下：禁止停车，违者放气。

真的一辆车都不敢停了。为什么？因为放气很讨厌，他把我的轮胎的气放掉了，我找他理论，能谈出什么结果？还是有自知之明吧，算了，我不停了。

这样的制度很实用。我们的工作中也有类似的问题，比如迟到。

我长期服务的一个企业为解决员工迟到的问题伤透脑筋。该企业刚开始搞了个制度：迟到一次罚款 5 元。企业有几千号员工，这个现象还是没有得到消除，有的员工还是迟到。他们想，5 元算什么？你罚吧，即使每天都迟到，一个月不过罚 150 元，没什么了不起。

这个制度不行，该企业后来又搞了个制度：迟到一次罚款 100 元。看你心不心疼，还敢不敢迟到？

有人迟到，真的罚款 100 元。但时间不长，员工的抵触情绪加大，他们讲："我一个月才拿 1000 元左右，现在迟到一次就扣掉我 100 元，你让我回去怎么跟一家老小交代，全家日子还过不过了？"

副作用又上来了，怎么办？罚 5 元，引不起他的重视，罚 100 元，又太多，究竟罚多少呢？

经过考虑，新的制度出台了：迟到一次罚款 10 元，同时在工厂门口的大白板上写上自己的名字，保证自己的名字保留 3 天。

你迟到了就要把你的名字亮出来，让全厂的员工都来看看。你还好意思迟到？

这项制度出台以后，迟到的现象大为减少。

还是那句老话，办法总比困难多。实用的制度要你自己去想。

2. 制度要有刚性

我们过去有一些制度喜欢搞成阶梯状。员工犯了错误，视情节轻重，分别给予的惩罚是：口头批评、书面警告、小会检讨、大会检查、记过、记大过、留用察看、开除。阶梯状的惩罚措施看起来很美，但是并不实用。

为什么？他犯了这个错误，有讨价还价的余地，不过口头批评嘛，不至于要写检查吧；最多写检查吧，总不会停职吧。所以，他心存侥幸。

而我认为，在有些时候，最好搞一刀切，直接把它“顶死”。

你犯了这个错误，客户投诉你了。不管客户投诉的理由成不成立，不管你自己有无过错，确确实实让客户不满意了，否则他不会投诉。你必须要对这个事实负责，负责的代价是罚款2000元。

没有什么讨价还价的。你说你那天偏偏遇到一个神经病，这个客户蛮不讲理，只怪你倒霉。你怎么就遇到了神经病？人家怎么没有遇到？

这就是制度的刚性，一剑封喉，不给任何推卸责任的机会。

3. 制度要三假设

在制定制度的时候，要了解我们的员工。他们处于什么样的位置？我们的目的是什么？三个假设，能对结果起到保障作用。

第一，假设你的员工不会做，缺乏技能，没有经验。你要教他，要做教练式经理，教他做，直到他会做了为止。

第二，假设他会做，但是不做。怎么办？检查。员工只会做你检查的事情，不会做你希望他做的事情。不检查的任务，通常完成的质量不是太好。

第三，假设你检查了，但是没有用，他老油条了，不做还是不做，或者老是敷衍了事。怎么办？加大奖惩力度，该奖的奖，该惩处的惩处，把做得好与不好与得到的结果之间的距离拉大，让优秀者有荣誉感，让差评者有耻辱感。

有了这三个假设以后，我想对于改善员工的面貌，提升工作业绩，应该是比较有用的。

4. 人治好还是法治好？

在企业发展过程中，如果制度建设搞得好，就可以长治久安。制度建设搞得不好，老板和中层管理者都会比较累。从人治到法治的过程中有一些内在的逻辑变化，不要一味地说人治好或者一味地说法治好。

首先要了解中国的国情。中国的很多民营企业都是从小做到大的，或者说，由家族制企业慢慢向现代化的企业过渡。这是中国民营企业的客观现状，不经历小的阶段，就无法做到大的状态。

所以，用人的时候，安排自己的儿子做销售部经理，女婿做采购部经理，老婆做会计，很正常。为什么说它是正常的？因为如此有它无法比拟的优越性。

因为小企业经受不起大风大浪，小企业也没有更多的钱请职业经理人，让自己的儿子、女婿、老婆在公司里工作，凝聚力会非常强，成本会很低。三个月不发儿子工资，他不敢跟老子要工资。老婆犯了错误，你跟她拍桌子、打板凳、骂人，她不会包袱一甩，走人，不干了。而你请职业经理人，或者外面的人，就得有所顾忌了。

这是很有中国特色的，因为亲情、血缘关系会让人拼命把一件事情完成，而这种气氛对一个发展中的小企业是非常重要的。所以在初创阶段，是以人治为主。

人治的最典型特点是，疑人不用，用人不疑。他是我的儿子，我不会担心他贪污我的钱；他是我的女婿，我用不着担心他捞回扣。非亲非故的人，说老实话，容易滋生腐败的岗位，我也不会让他做，我不会给外人以贪污、捞回扣的机会。

但是，你的企业慢慢发展，发展到销售额上亿的规模了，必须要重视制度建设了。如果还搞人治，会限制企业的发展。

为什么有一些民营企业，销售额做到七八千万以后，往上冲，冲了几年，老是冲不上去？这里有一些根本的原因，就是企业的用人、制度建设已经滞后，限制了企业向前发展。

这时候必须引进外面的职业经理人，请一些非亲非故，但很擅长做某些事情的人到企业任职，做部长、经理、副总，必须从人治转化为法治。怎么从人治转化为法治呢？过去是疑人不用，用人不疑，不需要太多的制度。现在是法治，制定更多的制度，疑人要用，用人要疑。

什么叫用人要疑、疑人要用？你是外人，我跟你一点关系没有，但是我觉得你在这方面有才干，所以我用你。但是用你的时候，要和你签协议。我怀疑你，担心你在我的企业里可能会做不利的事，丑话说在前面，你不可以这样，不可以那样。协议写得很清楚：做人事部经理，两年之内不能跳槽，如果跳槽，要赔偿多少钱；做销售部经理，不可以贪污，不可以拿回扣，如果出现这样的情况，要对你追究责任；做技术部经理，不可以出卖公司机密，如果出卖了，要对你追究责任。

你即使是我的亲戚，我要用你，还得怀疑你，就像怀疑外人一样。有的“自己人”可能感觉不太适应，说你怎么可以这样不信任我？你把我看成什么人了？其实，这是企业成熟的标志，说明企业管理开始转化为法治了。

丑话在前面都讲过了，协议签了，制度有了，法治的基本雏形就出来了。如此一来，总经理基本不用担心会出什么纰漏，董事长不必问太多的具体事务，因为一切都有制度在那儿。谁也不敢犯错误，因为他知道犯错误的成本有多高。

长治久安的局面基本形成。从人治到法治，实际上是一个企业由小到大的过程。

5. 提倡人性化并不是不要制度

时下，“人性化”成了流行语。一时间，医疗“人性化”，教育“人性化”，交通“人性化”，司法“人性化”频频见于报端。在 Google 中键入“人性化”，可搜索到 589000 条查询结果。应该说“人性化”成了时尚物，这是人性的觉醒和社会的进步，无可厚非。

不过，有一些管理者陷入了“人性化”的认识误区。一位老总在公司推行“人性化”管理，上下班不用打卡，工作量大小由员工自己定，经常与员工扎堆聊天，吃吃喝喝，结果一段时间下来，员工迟到、早退等违纪情况骤然增多，公司经营业绩大幅下降。老总对此大惑不解，开始对“人性化”管理有了质疑。

所谓人性化，是在严格执行管理制度的前提下的人性化。它强调的是在管理中体现人情味，让管理不再冷冰冰。而上面提到的那位老总正是抛开了管理制度，为人性化而人性化，管理失败也不足为怪了。

在管理中倡导人性化，讲究人情味，并不意味着要抛弃管理制度。综观国内外人实行性化管理的著名企业，无一不有一套科学的行之有效的管理制度。美国微软、日本索尼如是，麦当劳、可口可乐也是如此。在麦当劳，一切食品都有严格的操作标准和精确的加工程序，连烹饪时间都有具体的规定，员工的一切行动都有严格的制度规范。海尔集团是我国企业中人性化管理的楷模，同样有诸如“员工走路需靠右行，离开座位时需将椅子推进桌洞里”等严格的规章制度。希望集团提出“以慈母般的关怀善待员工，用钢铁般的纪律治厂”，强调在“慈母般”善待员工的同时，坚持“钢铁般”的纪律。该集团制定的“十不准”可谓是几近苛刻。

由此可见，人性化与制度并不是水火不容的。相反，科学的管理制度是企业真正实现管理人性化的基础和前提。因此，对大多数管理者而言，推行人性化管理的首要任务是在企业中逐步建立起一套科学的管理制度，绝非提几条人性化标语，喊几句人性化口号。当然，管理要实现从人治化向人性化的转变，绝不是一蹴而就的。如果一夜之间人为地编造出一套制度，玩的仍是人治化时代的伎俩，管理只能回到人治化的老路上去了。

6. 情、理、法的综合运用

我们作为中层管理者，必须在不同阶段因地制宜地制定出很好的制度，调动下属的积极性。但在具体操作过程中，还要注意到情、理、法的综合运用。

对下管理中，以情为先，由情入理，法不容情。

情就是感情，每个人都有感情，这是非常个人化的东西，所谓“人之常情”。感情问题是一个面子问题，中国人宁肯要虚无缥缈的面子，也不肯要实实在在的里子，说到底是“不为五斗米折腰”的穷酸习气。所以沟通时，要非常注意对方的情绪和感受，否则即使是一件好事，也会办成坏事。更不用说是敏感性的问题了，他“一哭、二闹、三上吊”，你作为主管能怎样呢？无论如何处理都显示了你的低能，让别人看笑话。

例如，下属找你谈加工资：“王经理，我在你手下已经两年了。这两年来我为公司做了不少贡献，上个月的销售业绩排在公司的前 5 名。您看能不能考虑在收入上给我一点提升？”

这个时候正好是公司控制费用的时候，冻结所有人的薪水。你如果没有考虑到对方的感情，完全站在管理者的角度，强调公司的制度，就会出问题。

“你也知道，公司最近运行状况不好。虽然你的业绩不错，但是其他人的业绩不好。公司最近出台了一个新的政策，冻结所有人的薪水，目前是不能加薪的。”

“什么时候可以？”

“要看公司的运行状况什么时候开始好转了。”

这个优秀员工可能辞职，也可能会散布不利于公司、不利于你的小道消息。在这种情况下，考虑对方感情因素的处理方式会更好。

假如你说：“虽然公司现在暂时冻结了薪水，但是我会努力帮你争取。如果实在争取不下来，你也一定排在加薪的第一个。”对方肯定感觉不一样。

中国人重视人情。即使解雇一个人，你都不可以很机械、很呆板地说：“张三，你被解雇了，必须立即离开公司。”我觉得这样是万万不可以的，因为会让张三感觉很没面子。张三离开公司以后，肯定会对你产生怨恨。你管不住他的嘴，他或许会做一些负面的事情，散布一些负面的消息。何必树一个敌人呢？

要运用一些人性化的办法了。你想让他离开公司，首先跟他说：“张三，来，到我办公室来一下。先喝杯水。”

请他喝杯水，已经对他有人情了。他清楚，你根本没义务请他喝水。凭什么你要给他喝水？给他喝一杯水，就是给他一个人情，让他很有面子，很温暖。

“张三，是这样的，你到公司来也两年了，为公司做了不少事情，确实你有很多优点。但是目前我们企业的经营状况发生了一些变化，岗位调整在所难免，而你个人的能力在现有的岗位上可能不太胜任。根据上个月、上个季度、上半年、一年来的考核情况，这些数据都在这儿，你在这个位子上已经不太合适了。”

这就是讲道理。

到最后来制度了："这样，你看看还有什么要求？如果没有什么要求，下午5点钟之前，我会派人把你送回去的。你有什么个人的困难，我都会帮你解决。"不是说叫你离开，而是我会派人把你送回去的，这就体现了人性化。即使他离开了公司，他都不好意思说你不好。

只讲情理，总有人不自觉；只讲法治，无法凝聚人心。

有六个人分粥，如何分得均匀？

第一种办法：每个人分一天粥，当轮到自己分粥的那一天，别人的粥少，自己的特别多；

第二种办法：推选一个德高望重的人分粥。开始还能比较公平，但渐渐地，这个人就为自己和与自己亲近的人多分粥，权力滋生腐败，在分粥的时候总有人拍马屁；

第三种办法：成立一个分粥委员会和一个监督分粥委员会，对分粥工作实施监督和制约。分粥倒是基本公平了，但分完粥，粥已经凉了，而且大家养成了互相指责和埋怨的习惯，成本太高；

第四种办法：选任意一人分粥，六份粥分在六个碗里后，分粥的人最后拿粥。令人称奇的是，这样分粥的方法、结果，大家都很满意，每次每个人碗里的粥都一样多。

从不同的分粥方法中，我们看到的是不同的管理思想及其管理结果：

第一种分粥方法，管理处于一种靠自觉的阶段，放任自流，结果的好坏全凭个人的善恶，是管理的初级阶段。

第二种分粥方法，开始进行了一定程度的约束，控制个体的行为。选择一个信得过的人来进行管理，而不是靠制度来管理，人治而不是法治往往会导致崩溃。

第三种分粥方法，管理又前进了一步，开始有了制度的约束，并在组织内部实施了相互监督和相互制约的机制，但往往造成相互推诿、协调困难、效率低下、出现部门矛盾等问题。

第四种分粥方法是管理较高级的阶段，把每个人的利益加入工作当中，有情（每个人都可以掌握分粥的权力），有理（不仅你有权分粥，其他人也有权），有法（行使分粥权力的人最后拿粥），使人人自觉地干好工作，完成任务。

最实用的管理手段——目标管理

一个企业成长的极限取决于老板能力的极限；

一个老板能力的极限取决于其用人和授权能力的极限；

一个老板用人和授权能力的极限取决于其利用绩效考评能力的极限。

目标管理，实际上是绩效考评、绩效管理中的一个章节。绩效管理是一个大概念，目标管理是绩效管理中的一个小概念。

如何让下属取得更大的工作成绩？如何带领你的团队在完成任务的时候更加顺利？我觉得有一个最基本的手段可以经常使用，就是目标管理。

目标管理既是一种管理手段，也是一项管理原则，而且屡用不爽。不管你这个干部做得有多大，哪怕只有三五个兵，或者你的队伍有 300 个人，甚至 5000 人，目标管理都可以使用。

为下级制定一个目标，让他去完成，他完成得不好就批评，帮助他改正，完成得好就表扬他，这就是目标管理。对于一个被管理者来说，如果没有目标，他就没有奔头；如果没有目标，他就没有成就感；如果没有目标，他就会失去斗志；如果没有目标，他就不知道为什么要完成这件事情。

打个比方，现在外面天气很寒冷，我们叫一位小伙子站到外面去，要求他在寒风凛冽中站四个小时。他可能会想：叫我到那么冷的地方去傻傻地站四个小时，我神经病？但是你给他一个理由，给他一个目标：小伙子，你在外面站四个小时，我们北京城最漂亮的姑娘就会嫁给你，成为你的新娘。你站还是不站？结果是：不要说四个小时了，八个小时他也站，看到目标了！

看到目标了，他就不会感觉到痛苦；看到目标了，他就会看到希望。

现在我们所讲的目标管理，也就是绩效考核，和过去的一些考核是不太一样的，现在我们叫绩效考核。绩效考核是人力资源部的一项基本工作内容。而过去企业虽然也做考核，但是它由人事部门完成。过去叫人事部门，现在叫人力资源部，这实际上是向现代企业管理过渡的必然产物。

人力资源这个概念进入中国大陆，仅有三十年的历史。大约在 1991

年，中国人民大学才有了第一届人力资源专业的本科班，当时在全国招了 20 多个人。新生来了以后，对于学人力资源，也是糊里糊涂的。第一天老师上课，问："同学们，我们都来学人力资源专业了，知不知道人力资源是干什么的？"你看我，我看你，不知道。后来有一个男生胆子大一点，站起来："报告老师，我知道，人力资源不就是做计划生育工作嘛……"

人事部门过去是有权的部门，而现在的人力资源部，一方面在强调它的权限，另一方面在强调它的服务。

过去的人事部也做考核，但是过去考核什么？考核德、勤、能、绩。而这四个东西本身就很滑稽、很矛盾，如果你现在还去考核德、勤、能、绩，就老得掉牙、土得掉渣。

为什么这么说？首先，德、勤、能、绩不适宜并列考核。德是一个不能量化的东西。凭什么说你的思想先进，而我的思想不先进？你考核我，难道你的思想比我先进？勤，是不是越勤奋对企业的贡献越大？能，你的水平高、文凭高、技能高，但和你为企业做了多少事情没有必然的联系。至于绩，才是考核的核心所在。

过去的人事考核，通常情况是，一年忙到头，为了评先进，为了提拔当领导，为了发奖金，我们来考评一下：一年当中谁贡献大，谁贡献小，谁做得如何。一年的时间过去了，才来做考核。而考核什么东西，大家拼拼凑凑拿一个方案出来，用这个方案去考核。这就本末倒置了，事情已经做过，再来搞考核方案。而现在，要求先有目标，后有考核，用先前制定的方案来对照发生的行为。

“张三，你下个月做这个”“李四，你下个月做那个”，一个月过去了，我们有章可循。

现在的考核周期与过去不一样。过去是以年度考核为主。现在企业的目标管理可以因地制宜，什么时间都能考核，不必拘泥于年度，考核周期大为缩短。只有缩短考核周期，才能控制过程，控制结果。

一年考核一次，考核的时候心惊胆战，考核完了就完了，过去了，他还是他。缩短考核周期之后，员工就不敢太放肆，不断考核能控制他的过程，进而控制结果。

像小孩子上学一样，期中考试考得不好，妈妈很生气，就打；期末考试考得又不好，妈妈、爸爸两个人生气，一起打。打过了是不是成绩就上去了？不是的。这里目标管理用得不当，应该缩短考核周期，每个星期都看看小孩子用不用功，作业有没有很好地完成，如果不行，妈妈就打。两个星期过去了，再看看小孩做得怎么样，如果没有什么改善，爸爸妈妈一起打。缩短考核周期以后，小孩不敢掉以轻心，自然而然期中、期末考试都能考出一个好的成绩。

一般来说，在企业里面，根据每个领导或每个员工职位的高低、管理的权限、管理幅度的大小，或者说他的工作和公司整体营运的关联度，确定不同的考核周期。不可以说，上到董事长，下到基层的员工，连那些看门的、扫地的，都是一个月考核一次，那是不合理的。

比如公司的副总、生产副总、销售副总、人力资源副总，他们权力很大，他们的工作和公司营运的关联度很大，他们的考核周期要更长一点。为什么？因为他们要动脑筋去思考，去改善，你叫他三两天把成绩拿出来，那是不现实的。所以对于副总经理的考核，可以每个季度一次；像生产部经理、销售部经理、采购部经理、办公室主任这样的中层岗位，每个月考核一次比较合适。因为他的工作、权限、与企业利润的关联度，各方面跟副总相比要小一点。再往下一层，一些科长或车间主任，能不能每个月考核？不要，像车间主任这样的岗位，一个星期考核一次不过分。针对车间，每周考核一次生产的数量、生产的质量、生产的成本、生产的交期、机器设备的维护和保养等。对于基层的员工，像车间里一个普通的操作工，什么时候考核？每天考核，尤其是那些计件工。考核周期不一样，是因为工作内容不一样。

另外，把一些关键性的指标拿出来考核就行了。比如生产人员，主要是交期、成本、质量，另外的机器设备保养、创新、工艺改造也可以放进去考核，但考核比重，也就是系数不宜定得太大。

对于销售人员，就是最简单的几项，如销售额有没有完成、销售的费用有没有降低、销售的货款是不是拿回来了、老客户有没有流失、新客户有没有开发。那些无关紧要的东西要不要考核？应该不要。

我接触过一些企业，一家大型企业的人力资源部经理跟我说：“薛老师，我们考核很慎重的。我们的考核很细致、很严格。”我说你拿过来给我看看。他拿了一大摞表单过来，“每个员工都要考核几张纸。”我说：“这个好像没必要吧？你要考核几张纸干什么？几张纸的东西，他不知道哪个是重点了，不知道重点，你让他怎么去做？”

不迟到，不早退要不要考核？不要。不管我们公司经营得如何，你都不能迟到、早退，这是你应该做的，应该做的还考核你干什么？你做得好也没有什么光荣的，这是你的本职工作。迟到、早退就要受惩罚！说惩罚不好听，那叫负激励。现在提倡人性化管理，要激励，说迟到一次罚款100元太难听了，叫迟到一次负激励100元，叫你从口袋里掏100元出来。

一些无关紧要的工作、日常的工作不要去考核，考核也没有意义，会增加考核成本，因为这是规定动作，规定动作就是要不折不扣地完成。考核的主要内容是自选动作，自选动作争取高质量地完成。自选动作是衡量你对企业贡献大小的主要指标。

考核以后，最好把考核结果亮出来。为什么这么讲？因为考核的目的是让大家有所进步，不是为考核而考核。只有让大家知道谁做得好，谁做得差，才能对工作起到推动作用。

评价一个人的业绩是激励的有效手段。我们可以做这样一个测试：你带一个人到体育场练习跑100米，你要求他跑，他会去；当你再要求他时，他有些勉强了；当你第三次要求时，他可能拒绝了。如果我们带上计时秒表，每跑一次告诉他结果，告诉他改进的方法，激励他超过上次的成绩，他就有练习的兴趣了。实际上，这就是考核，及时反馈，及时改善，帮助提高。

我到苏州一家企业服务，他们的考核确实做得不错。这家企业生产吸尘器，是全球最大的吸尘器生产厂商。整个公司有四五千人，大的车间有七八百人。车间很大，放眼看去一马平川。在车间的墙壁上，挂了大大小小、花花绿绿的考核的东西，我们称之为目视管理。

目视管理是利用形象直观、色彩适宜的各种视觉感知信息来组织现场生产活动，以提高劳动生产率的一种管理方式。它以视觉信号为基本手段，以公开化为基本原则，尽可能地将管理者的要求和意图让大家都看见，借以推动自主管理、自我控制。所以目视管理，也可称之为“看得见的管理”。

墙上的考核内容是由一张张曲线图组成的。底端的横坐标是时间，星期一至星期天，纵坐标是产量，200、400、600、800。企业以每个班组为单位，每个班组做完了统计一下，把那一点画上去。每个班组都有这样一张曲线图，谁做得好、谁做得差一览无余。你为什么做得不好？你强调理由，不要强调了。人家为什么能做到，你们为什么做不到呢？

产量是曲线图，质量同样是画曲线图。你的质量达到百分之多少，同样把一周的情况画出来。

对浪费成本，比如有的人浪费了这一个东西，有的人浪费了那一个东西，同样考核。企业把浪费的东西全部转换为人民币，就是说，浪费的东西值多少钱。你浪费了一颗螺丝值两毛钱，就写上“张三，两毛钱”；李四浪费了一个扳子值5块钱，“李四，5块钱”，都写在表单上。把钱写上去有什么意义？一方面是让大家看清楚，谁浪费的多、谁浪费的少；另一方面，写上以后，和你的工资、奖金挂钩了，和你的收入挂钩了。

不要以为扣掉你的钱就拉倒，企业要把这件事情拿出来告诉大家，你为什么被扣钱，让你明白，也让大家明白。

这就是目标管理、绩效考核的基本内容。你有目标就是有责任，做得好与坏，能享受到什么物质利益和精神荣誉，都取决于你。

海尔在目标管理方面做得非常出色。它的人力资源部是目标管理的典型。

假如我是海尔的一名班车驾驶员，我的责任是每天早上 7 点 15 分在青岛中路的一个站台接 50 名员工，在 8 点钟之前把他们送到海尔工业园上班。这就是我的任务，天天如此。

有一天，我的班车开到半路上突然开不动了，不能准时到达青岛中路的站台了，不能准时把 50 名员工送去上班了，那怎么办？我们的习惯思维是，把手机拿出来，打电话给领导："领导，车开不动了。不是我不想开，现在我修不好，您是不是另外安排一下？"

而海尔的驾驶员可能不会这样。

他同样是把手机拿出来打电话，打给自己的老婆："老婆，不得了，我这辆车开不动了，不能在 7 点 15 分准时到那个站台。你赶快想办法帮我解决这个问题……"

他的老婆可能在家烧饭，立即把围裙扔掉，冲到大街上，找到大巴车就拦："师傅，跟您商量一件事情，您马上跟我到青岛中路的一个站台，有 50 个人要送到海尔工业园，您能不能去一下，300 元去不去？400 元行不行？"

老婆领着这辆大巴车到达那个站台，把50个人送到海尔工业园去上班。

有的人就奇怪了，这个驾驶员为什么要这样做呢？老婆在家里烧饭，烧得好好的。这件事情不惊动领导，却惊动自己的老婆！

而目标管理就是这样。在考核细则中，这件事情交给你了，就得你做，你做得不好是你的责任。你的目标是什么？是把50个人送到目的地。如果你7点15分不能准时到达那个站台，会发生什么情况？这50个人肯定要想办法，确保8点钟准时进入工业园，他们就会打的。每个人打的的费用可能是30元，50个人打的的费用就是1500元。1500元找谁报销？找你报销。你是驾驶员，这件事情就是你的事情，产生的后果必须由你来承担，你才会打电话给自己的老婆。

有的人可能说，对生产人员和销售人员进行目标管理，可能会相对简单一点，因为可以量化，数字化很容易考量，但我们文员，在办公室工作的行政人员怎么量化？我今天在开会，明天可能去接待一个客户，后天可能在公司起草一份文件，怎么量化？

我到温州一家企业看过，它的考核方式挺好，我觉得挺新鲜。该企业是做缝纫机的，有一栋办公楼，办公楼里都是文员、管理干部。进这栋楼必须要经过一个大堂，就像我们进宾馆都要经过大堂。在大堂的墙壁上，也是挂着各种各样的考核表，每个人的名字都在上面。

行政人员的工作无法量化，怎么办？根据工作表现和工作结果来考核。这家企业的考核表上主要有三个图案，三个拇指大的图案，都是圆的，用不干胶做的，颜色不一样。图案具体代表三种脸，一个是笑脸，一个是哭脸，还有一张平脸。

每天在下班之前，主管都要对科室的人员进行评定，今天张三表现不错，给他一张笑脸；李四不行，叫他去完成那件任务，居然推推扯扯的，不愿意去做，给他一张哭脸；王五今天一般化，给他一张平脸。评定完了以后，人力资源部的人会来收。第二天早上，员工在8点钟上班之前，人力资源部会专门有一个人在每个人的名字后面贴笑脸、哭脸、平脸。

所有的办公人员、管理人员进楼办公，每个人都很关心昨天自己是什么脸，张三什么脸，李四什么脸。一个月下来发工资、奖金，怎么发，很简单，数一数每个人有多少张笑脸、哭脸、平脸就行了。考核形式很生动。

怎么让考核不枯燥，也是值得研究的。

目标管理大概有这么几个流程：

首先是为下级制定目标，考核他。一定要考核，不考核的话，制定的目标就没有意义。

接下来要跟他面谈，面谈最好要有书面的记录。“张三，来，请坐。一个星期之前，我们共同制定了一个目标，当时你也很认可。现在一个星期已经过去了，我们来看看，你的目标有没有实现。”

把面谈的内容做好记录，记录的文本叫目标管理卡，也可以叫目标管理责任书。再谈下个星期打算怎么做。

平时要做好绩效辅导，上级的绩效来自下级的绩效，要充分调动员工的积极性。如果作为一个管理者，认为目标管理是“我让你做什么就做什么”“我指到哪儿打到哪儿”，绝对是大错特错了。

如何引爆员工的工作情绪

如何让员工产生工作热情，全身心地投入到工作中去。作为中层经理，有几种思想要明确：

1. 用人就是为人服务

要改变过去的想法，“我是你的领导”“我管你”“我叫你干啥就干啥”，一旦下属做得不好，就拍桌子骂人，这是过时的思想。

现在的企业不像过去的企业。在过去的企业里，进了我的门就是我的人，生是我企业的人，死是我企业的鬼，我想叫你怎么样就怎么样，你想翻天不可能。现在的企业里，不能这样做，你这样一做，就会“此处不留爷，自有留爷处”。

现在我们提倡，用人就是为人服务。他是你的下属，你用他，你要更好地体现为他服务的内涵，让他感受温暖，让他知恩图报。

春秋的时候，有一个很著名的将领叫吴起，他很厉害，他指挥的军队攻无不克，战无不胜。为什么这样？他很善于调动下属的工作热情。每次冲锋陷阵回来，他都要检查、看望他的士兵。有一次，他检查士兵的时候，发现有一个士兵冲在前面很勇敢，但是手臂被敌人的毒箭射伤了，化脓了，脓水不断地流出来。吴起看到以后，立即做了一个惊人的举动，他把士兵的手臂拿起来，用自己的嘴去舔他的伤口，把脓水全部吸出来，让其他士兵很受感动。

事情传到那个士兵妈妈的耳朵里。妈妈听说以后，号啕大哭。很多人不理解：将军对你的儿子如此器重，他居然为你的儿子舔伤口、吸脓水，你还哭。哭什么呢？

妈妈讲：将军为我的儿子舔伤口、吸脓水，我的儿子会不会感恩戴德？肯定会。我的儿子会不会拼命报答将军？当然。冲锋的时候他会不会冲在最前面？很可能。第一个冲到前面去的人有几个能活着回来？

这就是用人，这就是为人服务的缘由。

2. 与下属保持适当距离

中层经理不要以为，为了让下属拼命干，就三天一小宴、五天一大宴，经常和他去蒸桑拿、打保龄球，以为与民同乐就能博得好感，就能调动员工积极性。这样不好，你和他距离太近了，相反会给工作带来阻碍。距离产生美。权威是怎么实现的？权威是距离实现的，有距离才有权威，有距离才有神秘感。

你跟张三距离很近，关系很好，昨天跟张三出去喝酒。你是部门经理，张三是你的下属，两个人喝酒喝得酒酣耳热，就差拜把子做弟兄，喝得两个人豪言壮语，拍胸脯称兄道弟。然后第二天上班，你突然发现，昨天和你喝酒的那个家伙居然迟到了半个小时。你很生气，真想拍桌子骂人，但是你好意思骂他？张三想：不就是昨天晚上跟你在一起喝酒了，让我喝多了，让我早上起不来，你还骂我？管理上带来难度了吧。

打个比方。前天你的儿子过生日，你的下属张三送了一个红包给你，里面有1000元。你数着1000元的时候，心里很高兴。张三真听话，真懂事，我的儿子过生日，他送了1000元礼金给我。

谁知道过了几天，你突然发现张三贪污公款，贪污了5000元。这件事情不是小事，5000元就可以判刑了，在国有企业叫贪污，在私营企业叫侵占，可以立案，是刑事犯罪。作为总经理，他肯定把这件事情看成是大事，你不把张三报上去，说不定有一天会连累到你，你自己的饭碗难保。可是，你把张三报上去，心里就不踏实：前天他才送我1000元礼金，我今天把他送上断头台，我在为人上是不是太过分？

这个窘境是谁造成的？你自己。

所以说，作为中层管理干部，和你的下级保持适当的距离，不要在私人的事情上纠缠，吃人的嘴软，拿人的手短，不利于你个人的发展。

3. 不断激励你的员工

激励和奖励是不一样的。奖励是事后奖励，比如我的女儿考试考了100分，我答应她去吃肯德基，这是奖励。而激励发生在做事情之前，“好好考，争取考100分，一定要全力以赴去考”，这是激励。

某种意义上讲，激励比奖励更重要。你一定要让你的员工以饱满的热情去迎接挑战。如果你的员工很萎靡、很沮丧，像个倒霉鬼，他能做出好成绩吗？

毛泽东是一个激励高手。当年在井冈山的时候，以林彪为首的几个人产生犹豫，说我们的红旗还能打多久，毛泽东写了一篇著名的文章《星星之火，可以燎原》。打日本鬼子的时候，有的人讲，日本非常的强大，我们非常的弱小，弱小的中国能不能打赢这一场战争，毛泽东写了著名的《论持久战》。后来解放军打到长江边上的时候，有的人又提出想法，说蒋介石也不错，国共可以分江而治，国民党管理长江以南的南中国，共产党管理长江以北的北中国，毛泽东又写了一篇著名的文章《将革命进、行到底》。每一个阶段，他都会给你一个目标，激励你往前跑。

谈到激励，有人就想到钱。是不是单纯的钱就解决问题了？不是这样的，金钱激励绝对不是万能的。

当然了，在目前的市场经济形势下，不谈钱是虚伪，只谈钱又太浅薄。薪水是最基本的激励手段，可以把薪水作为一种激励手段看待。不是说薪水不重要，但是除了薪水之外，还要想一点其他的办法，比如团队的归属感，个人的价值取向，家的温暖，帮助员工做职业生涯的规划。

与下属在一起的忌语

在实际工作中，我注意到一些中层经理的用语禁忌。忌语往往在不知不觉中出口，如果不去注意并加以修正，可能会导致员工离心离德，甚至会出现管理失控。比较经典的管理忌语有几条。

1. 忌语一：我帮不了你

当下属碰到问题来向经理求助时，这种回答根本解决不了问题，因为它的意思是“我不愿意帮你”。作为下属会感觉孤独、无助，会认为企业很冷漠、没人情。比较有建设性的回答应该是：“这个问题值得研究，你有什么看法，看出什么机会？”这种应对显示出经理愿意和下属一同面对问题，只不过请下属回去想想解决之道，等有好的想法，再一起讨论。

2. 忌语二：公司向来如此

这句话意味着经理无视员工所发现的问题，或明知有问题，却拒绝改变现状。这是因为经理多从基层上来，心存“媳妇熬成婆”思想，认定下属吃不了苦，或者认定自己比他高明。殊不知环境时时改变，过去一贯的做法不见得一直奏效，也不见得一直正确。细心的主管会请下属想想“如果不这样，结果将会如何”。通过对照分析，可以看清问题有多严重。鼓励下属多投入、多参与、多提意见是调动下属积极性的基本方法。

3. 忌语三：我是某某的人

某某可能指的是某高层领导。其意是让大家知道他是高层领导一手栽培起来的，日常做事有足够的后台保障。

这种明目张胆的“拉帮结派”行为极其容易招致大家的反感。大家每天都在提倡团队协作精神，以便“抱团打天下”。古语云：“正人先正己，修人先自修。”如果经理的帮派意图非常明显，很难让手下的员工紧密地团结在一起。另外，总部并不止这一位高层领导，这种话一旦传到其他高层领导耳中，将会给自己的工作带来很大的困难。

4. 忌语四：好好干，过段时间我提拔你做副经理

在工作压力越来越大的今天，部门经理一到旺季或面临大任务时，便心急如焚，想给公司交上一份令人满意的答卷。部门经理必然会号召大家共同奋斗，也难免会对个别员工进行“特别”鼓励。伴随这种激励的，

往往是一些只可意会，不可言传的物质化的东西，这恰恰走到了激励的另一个极端。

需要注意的是，有很多经理在对下属许诺时容易犯开空头支票的毛病。比如当大家共同熬过销售旺季之后，经理大都忘了“大家苦干100天，过后我们出去旅游”的许诺。更有甚者，一些经理在领取了佣金和奖金之后，只拿出一小部分发给大家，自己留了大头。事实证明，激励不兑现和奖励分配不公，极易招致下属的“集体造反”，到那时经理的地位就岌岌可危了。

5. 忌语五：做不好我把你们都开掉

你的本意可能是为了增强大家的忧患意识，效果却不见得好。员工的反应可能是“他每天就知道吓唬我们，动不动就说把我们开掉，却没有想过怎样帮助我们取得进步”。

从管理的角度上看，这句话属于典型的“破坏性批评”，虽然其本意可能是善意的，但并不明智。由于感到无助，下属内心深处的忧患意识往往会影响到业绩。一个真正优秀的经理，其正确的做法应该是帮助下属（尤其是新聘员工）充分研究任务，制订合理的完成计划，让下属明白完成任务的难度和可行性，树立起“为实现目标而冲刺”的信心。

6. 忌语六：某某是我们的业务骨干，大家都不许惹他

每个公司都会有一个或若干业务骨干，在员工业绩贡献率的问题上，经理要做到“一碗水端平”，否则，很容易伤害其他员工的感情。公司

业绩的提升离不开大家的共同奋斗，并不是哪个或哪几个业务骨干单枪匹马能一蹴而就的。如果其他员工带着抱怨的心态工作，其业绩的完成效果可想而知。有一点不容忽视，大家在人格上都是平等的。

7. 忌语七：某某比较捣蛋，你们不要与他接近

这是某些中层经理在一些私下的场合，面对几个比较“亲密”下属的私房话，他所指的往往是与他不和的人。

我们知道，一个公司对外的爆发力关键在于大家的合力。当公司沉迷于内耗时，其合力是最小的。一个公司的衰落必然是从内耗开始的，而一旦到了积重难返的境地，想重整旗鼓会十分艰难。

总之，上面几句话都有一定的杀伤力，无论遇到什么状况，自己心情多么恶劣，都不要把它说出口。当发现自己手下的员工工作没有多大热情的时候，首先要想到的是自己应该如何做，如何发现大家的优点，把大家的干劲调动起来。

怎样实现最大的工作成果

什么叫管理？说得通俗一点，就是运用他人的努力实现目标。管理是让其他人去做事情，而不一定要自己亲力亲为。

刘邦为什么能够做皇帝？论文，刘邦不能写诗作赋；论武，刘邦手无缚鸡之力。这样的人居然做皇帝了。他的竞争对手是谁？声名赫赫的项羽，力拔山兮气盖世，天下第一号大英雄。但是项羽乌江自刎，霸王别姬，下场很惨。没有本事的刘邦成了汉高祖，而有一身本事的项羽下

场很惨，什么原因？刘邦会用人，会调动其他人的积极性。

刘邦说：“带兵打仗，攻城略地，我不如韩信；筹运粮草，安抚百姓，我不如萧何；运筹帷幄，决胜千里之外，我不如张良。但是我把张良、萧何、韩信都用好了，我就能做皇帝了。”

同样的道理，在我们的部门里，并不要求你自己做得最多、做得最好，关键是你要有大局观，让其他人都动起来。不要让有的人忙死，有的人闲死。

有一些人生怕部门离了自己就运转不起来，也不肯放权，什么事情都揽在自己手上，有什么问题别人都要打他的手机，搞得自己好像重要得不得了。

我们做培训的时候有一个规定，手机不能响。还是有人手机会响。为什么你的手机响？某种意义上，你管理上有一定问题。你不在，部门无法运转。你不在，部门的员工不知道怎么办，必须要打你电话。甚至有一些部门经理看自己手机一小时没响，心里就慌，不知道公司有没有事情，赶快打电话回去：“有没有事？没有事？真的没有事？”

你真正做得好的话，应该把手机关了，部门依然行云流水，依然出效益、出成绩。

有个著名的企业家叫王石，万科的老总。王石有一些爱好，比如爬山，去爬珠穆朗玛峰，还到南极去搞考察，一出去就是一年半载的。但是万科这个企业搞得很好，是中国房地产行业的领头羊。有没有这种现象发生，王石在喜马拉雅山上的时候，公司打个电话“王总，您看这件事情怎么处理,您赶快告诉我答案”,或者说,王石到南极去了,电话打到南极,“王总，这件事情必须请示您”？

作为一个优秀的管理者，要想办法让其他人干事情，自己逐步退出。不要陷入烦琐的、不必操心的事务当中，厉害的人不带手机。

在企业里，中层经理应该争取把事情安排得井井有条。如果一个管理者大小通吃，他往往做不好，往往做不大。聪明的管理者主要是做管理。先想一想，可能会发生什么状况，再针对可能发生的状况去安排好。所谓的前瞻性，就是做计划，不至于出什么纰漏。

中国历史上有一个著名的神医叫扁鹊，他医术很高。据说他们家有弟兄三个，扁鹊是老三。有一天国王问扁鹊：“你们家弟兄三个都懂医，那么弟兄三个中谁的本事最大？”

扁鹊说：“我们家老大医术最高，本领最强。我们家老二，医术比老大差一点，但是比我强多了。我是老三，我最差。”

大王就不理解:“不对,你的名气最大,谁都知道你能医治疑难杂症,老百姓得了什么大病都来找你。你们家老大根本没名气，你们家老二有一点点小名气，你怎么说他们的本事比你大呢？”

扁鹊回答：“是这样的，我们家老大本领最强、医术最高，你只要在他眼前一晃，他就能看出来你的身体状况如何。假如你经常和他在一起，他就告诉你注意这个、注意那个，你就永远不会生病。我们家老二比老大要差一点，但是如果你的身体有一点症状，我们家老二能够明察秋毫，把小病化了。您和老二在一起，不会生什么大毛病。和我在一起就不一样了，一定要等到你病得不行，等你病得很厉害，我才知道，然后我为你开刀，为你做手术。我的名气大，是我开刀开出来的。老大、老二没名气，是因为他们不开刀。”

这就是前瞻性，要向扁鹊的大哥、二哥学习。

要实现最大的工作成果，让大家在没有太多抵触情绪，负面影响尽可能低的情况下，接受新任务，就要讲究一些方法和技巧。

打个比方，总经理跟你说：“车间的生产量要提升。现在我们的这个产品，每个员工一天生产多少个？”

你告诉他：“现在每个员工一天生产6个。”

总经理说：“不行，你要争取做到7个。”

回来你就想，怎么能够做到7个呢？假如你直接跑到车间，跟所有的员工宣布：“从明天开始，我们每个人每天的生产量必须是7个，谁完不成就扣工资。”

这样一讲，马上群情激愤，大家会起来造反：“你这个经理太没有良心了。你没看到我们已经很辛苦了？”群起而攻之，你很被动。

你必须讲究一些方法。首先想如何完成7个，自己一定要有主意。假如你实在没主意，怎么办？找一些骨干过来，找一些班组长或在群众当中有一点威望的、能力不错的员工：“张三，有件事情我想拜托你一下。你看看，我们现在生产某某产品，每人每天生产多少？”

“我们现在每天生产6个。”

“每个人能不能多生产一点？”

“多生产一点，开玩笑吧？现在我们大家都很辛苦的，估计很难。”

“我知道有难度，没有难度哪能找你？没跟其他人讲，现在就找你，想想看有没有什么办法可想。”

他一听，“一定让我想办法，我想想看。”

他最后说：“估计一天最多只能做 7 个，做 8 个肯定做不到。”

“肯定做不到，谁能做 8 个呢？做 8 个我第一个不同意。只要做 7 个就行了。你看做 7 个稳不稳当？能不能做到？”

“没问题。”

“你不要着急，好好想一想 7 个能不能做到。肯定没问题？”

“肯定没问题！”

张三的问题解决了，再去找李四来。你用同样的方法跟李四聊一聊，李四也会有一些见解。在你的车间里，这样的工作做得差不多了，就可以开会了。

你对所有员工讲：“根据公司的安排，现在要求我们把生产任务从每人每天 6 个提升到 7 个，大家有什么想法？”

肯定有人跳出来：“怎么可能呢？这个不现实的！”

你好像没听见，让他们讲去。

又有人站出来：“7 个也不是不能完成。”

又有人站出来：“7 个还是可以实现的。”

然后会辩论，让他们去争。到最后肯定会有主流思想占上风，而主流思想是谁倡导的？就是你事先找的张三、李四。

这个工作方法，说得难听一点可能叫“挑动群众斗群众”，但是不失为一种工作方法。首先争取进步分子，让进步分子去影响群众，避免矛盾激化，避免把自己陷入很尴尬的境地。

附

管理的七种浪费

丰田生产方式中归纳的七种浪费主要发生在生产现场，但是产生浪费的深层次的原因是什么？如果仅仅关注现场存在的问题，而不解决被现象掩盖的本质问题，无疑是舍本逐末，即使表面上轰轰烈烈，实际效果也很有限。

为了使经营管理革新活动深入、有效地开展下去，我们首次提出“管理中的七种浪费”这个概念，来引导大家共同参与这项工作。

浪费之一：等待的浪费

管理工作中的等待浪费主要有以下几种情况：

等待上级的指示。上级不安排工作就坐等，上级不指示就不执行，上级不询问就不汇报，上级不检查就拖延。算盘珠子不拨不动，缺乏主动精神。你多干事多吃亏，出了问题怎么办？听从指示没有错，再大的责任可分担。很多工作的完成是在几次检查、催促下完成的，造成极大的浪费。

等待外部的回复。我与你联系过了，静待回音。什么时候回复不是我能决定的，延误工作的责任应该由对方承担，我只能等。

等待其他部门或其他人的联系。你不找我协助，我就可以躲避，总有原因可以找，就说情况不清楚。对相关工作不关心，没兴趣，多一事不如少一事。等就等吧，没啥了不起。

等待下级的汇报。任务虽已布置，但是没有检查，没有监督。不主动深入实际调查研究，掌握第一手资料，只是被动地听下级的汇报，没有核实，然后做决定或向上级汇报，瞒天过海，没有可信度。出了问题，责任往下级身上一推。

等待生产现场的联系。较严重的等待是生产现场对技术、品质、资材等部门服务、指导、供应的等待。主动性的缺乏是造成等待的最致命原因之一，严重影响生产现场工作的及时完成。

上述情况，在工作中是大量存在的。缺乏工作责任心、主动性和积极性，满足现状、消极怠工的情况引发的浪费造成的危害更大，危害企业的正常运行。

浪费之二：协调不力的浪费

管理中相互配合、协调不力，造成工作停滞和浪费，主要有以下几种情况：

工作进程的协调不力。某项工作在两个部门间协调不力、交接不清，工作进度受到影响，相互之间不主动联系。某些工作应由哪个部门负责没有明确界定，处于部门间的断层。工作缺乏协作精神和交流意识，都在观望，认为应该由别的部门负责。结果工作没人管了，原来的小问题被拖成了大问题。

对领导指示的贯彻不力。对公司领导的工作指示和相关会议布置的工作任务没有传达，内部没有有效的协调组织落实，致使公司的要求在本部门停滞，没有得到有效的贯彻，形成工作盲区。

信息传递的协调不力。信息在相关部门、相关人员手中停滞，使应该得到这些信息的相关部门掌握不到，难以有效地开展工作，不能及时准确决策，造成较大的浪费。信息不能汇总、分类，停滞在分散之中。没有对信息进行充分的分析、核实和利用，发挥其效应，停滞在原始状态之中。信息不准确，造成生产盲目、资材供应混乱、计划频繁调整、没有效益的加班、库存的增加。

ERP业务流程的协调不力。部门间协调不力，相互制约、不沟通、各自为政、部门利益第一，形成独立的部门割裂，造成协调的障碍。没有或不能及时维护系统，使业务流程不能顺利流转，造成后续流程的停滞。原有职责的不适应性不是横向流转而是折向运行，造成流程的缺项停滞。

协调不力是管理工作中最大的浪费之一，它使组织不能形成凝聚力，缺乏团队意识、协调精神，导致工作效率低下。

浪费之三：闲置的浪费

我们把管理工作中的库存浪费称为“闲置”。机构重叠，职能重叠，人浮于事，使生产要素不能被有效利用、发挥最大的作用，造成闲置的浪费。

固定资产的闲置。过于乐观地估计了市场形势，低估了生产潜力，热衷于扩大规模，非常容易导致固定资产的闲置，从而出现厂房、生产设备等开工不足的浪费，导致成本升高，利润降低，竞争力下降。

职能的闲置或重叠。公司在进行组织设计时，为某些部门设置了一些职能，但在实际工作中，该职能没有发挥作用，造成了部门职能的闲置，而且对公司的相关工作造成影响。两个部门承担类似的工作，好像是谁都负责，其实是谁也不负责。犯错时互相推诿，易导致工作中互相掣肘。本来是两个部门间的事，再找一个部门来共担责任，使工作复杂化。

工作程序复杂化形成的闲置。在某些情况下，对于某些不十分重要的任务，上级其实只承担签字的职能，但如果无上级的签字或认可，则业务无法进行，会出现等待和停滞等浪费。原来比较简单的事，一些部门非要写个报告，填个报表。由于报表内容太多，保存后再想使用也找不到，再提供一份吧。一个有效的管理者在某种程度上是一个规范化的高手，把复杂工作标准化、规范化、简单化，从而使普通人可以承担原来完成不了的工作，起到更大的作用。

人员的闲置。人多好办事，都强调本部门工作的重要性，增加人员。三个人干两个人的工作，为了避免上级“人浮于事”的批评，以重叠的交替安排工作造成工作量不足，劳动纪律涣散。

信息的闲置。公司内外充斥着大量的信息，但在信息方面的浪费极其惊人。

浪费之四：无序的浪费

缺乏明确的规章、制度、流程，工作中容易产生混乱，这是人所周知的。但是如果有令不行、有章不循，按个人的意愿行事造成无序浪费，更是非常糟糕的事。

职责不清造成的无序。由于制度、管理等方面的原因，造成某项工作好像两个部门都在管，却纠缠不休，整天扯皮，使原来的有序变成无序，造成极大的浪费。某个部门的某个人看到某项工作比较紧急，如果不做会影响到公司利益时，挺身而出，进行了补位。这时出现了一种怪现象：今后这项工作由你们来做，责任部门反而放任不管了，这也是一种无序。

业务能力低下造成的无序。素质低下、能力不能满足工作需要都会造成工作的无序。应该承担某项工作的部门和人员以不会干等为理由，堂而皇之地拒绝承担该项工作，更是一种无序的浪费。当出现部门和人员变更时，工作交接不力，协作不到位，原来形成的工作流程经常被推翻，人为增加从无序恢复到有序的时间。

有章不循造成的无序。随心所欲，把公司的规章制度当成他人的守则，没有自律，不以身作则，威信下降，不按制度进行管理考核造成无章无序的管理，影响员工的积极性和创造性，相互攀比，影响部门的工作效率和质量。

业务流程的无序。直线职能制的纵向部门设置对横向部门的业务流程严重割裂，各部门大多考虑某项工作在本部门能否得到认真完成，而很少考虑如何协助相关部门顺利完成工作。通常以本部门为中心，而较少以工作为中心，不是部门支持流程，而是要求流程围绕部门转，从而导致流程的混乱，工作无法顺利完成，需要反复协调，增加管理成本。

在这种无序状态中，如何通过有效的方法，使无序变为相对有序，从而整合资源，发挥出最大的效率，这是中高层管理者应该注意和重点考虑的问题之一。

浪费之五：失职的浪费

失职的浪费是管理中最大的浪费。责任心不强的表现形式之一是应付。顾名思义，应付是工作虽然干了，但是不主动，不认真，敷衍、搪塞了事，不是追求最好的结果，从而缺乏实际效果。这种浪费在工作中是经常见到的。

在体系管理中，许多应该日常进行的工作基本没有认真去做，不重视日常规范管理，缺乏基础性工作，审核前突击进行表面工作来应付审核，实际效果就可想而知了。

公司布置的工作，没有按计划和要求去完成，做一些表面文章，去应付公司的检查。如果承担检查工作的人员也应付，或者碍于情面不予指出，就会形成空对空。

在涉及系统性和流程性工作时，某些环节，特别是前段如果不认真，将对后续工作产生较大的影响，如交货期确认不准确、不及时，会导致生产制造系统出现多种浪费。

在工作中没有计划，没有自查，做事只做前面，随着时间的推移，后面的忘做了，甚至不做了。工作缺乏主动，让做什么事，只是应付了事，而不是严格要求自己做得更好。应做的事不会做，说一声不会做，就不用再做了，不会也不学，不认为在这个岗位上不会做应当做的事是一种耻辱，更有甚者，告诉如何去做都不做。这些失职会对工作产生极大的危害。昨天的事，今天没有结果，明天做什么也不知道。

失职的浪费主要是责任心不强、素质低下和工作质量差等造成的，但管理考核及职责的不明确使其没有受到制约和监督。

浪费之六：低效的浪费

低效的含义包括：工作的低效率或无效率。相对于管理工作的高效率而言，低效率造成的隐性浪费是非常大的。原来只要一个人承担的工作，需要两个以上人员来完成；应该按计划完成的任务反复拖期。

错误的工作是一种负效率。没有一次把事情做好就是最大的浪费。应该正确完成的工作被做错，会出现返工、重做、纠正等浪费，甚至影响到整体。如果是高效率地完成了错误的工作，则损失更大。更可怕的是，这种错误在某种程度上是被允许的，会被各种各样的原因、理由掩盖住，从而反复发生，造成类似的浪费。

我们允许的是创造性的失误，而不允许反复发生低级错误。

低效率是由什么原因造成的呢？

管理人员的低素质导致工作的低效率。学习能力的不足、危机意识的淡化造成许多人员的素质满足不了工作需求。在每个组织中，人员的素质肯定是参差不齐的，抱怨是没有用的，更不能把责任推到普通员工身上。只有低素质的管理者，而没有绝对低素质的员工。高素质的管理者能够通过培训和指导，人尽其才，用人所长，有效地带领员工完成任务。一头狮子带一群羊和一头羊带一群狮子是完全不一样的。

方法不当也是低效率的原因之一。人员安排不得当，会导致低效率。计划安排不合理，工作难以按期完成。顺序安排有问题，会造成主次不分，重点工作无人做。

故步自封的僵化思想是低效率的温床。过去的成功经验、过去行之有效的方法会使某些“成功”者沾沾自喜，沉湎于过去的辉煌，从而不思进取，不继续提高自己，使用原有的一套来面对千变万化的内部和外部环境，不仅导致低效率，甚至会拖累整个组织的前进脚步，成为组织前进的绊脚石。

浪费之七：管理成本的浪费

管理成本是企业成本的一项重要组成部分，是指各职能管理部门在组织、管理生产、品质、财务、营销等过程中的各种费用成本。“管”是行事，“理”在企业管理中具体指“目标、指标、计划”，通过确立计划、执行计划、考核计划、改善计划，克服管理成本浪费。

计划编制无依据。公司没有下达指标，部门无法编制自身的工作目标。公司的目标、指标下达后，不知道怎么分解。部门领导没有告诉做什么工作，不知编制计划。计划不如变化快，无法有序地编制计划。综合部门不催，不报计划或忘记申报计划；没有日常工作的积累和统计基础；没有定额标准，无法编制计划等。没有计划工作概念，没有长远工作规划，工作随想随做，为完成综合计划部门的要求临时“拍脑门”。上报的计划缺乏可执行性、漏洞百出，需要计划综合部门另外花费大量的时间和人力去分析和查找错误，重新修改和调整，造成极大的浪费。

计划执行不严肃。有计划但领导没有给我，我不知道计划的内容，所以无法执行。计划变化过快使计划无法执行。领导临时交代或安排工作，所以没有计划。由于前道环节的工作没有完成，计划无法完成。计划由于各种原因被迫频繁调整。公司制定的目标由于执行有困难而不予执行，或按照自己想象的内容去执行。计划编定后根本不看，至于计划的内容是什么都不知道。如降成本的计划不严格执行，束之高阁。

计划考核不认真。计划考核由公司统一进行，日常不用再进行比照了。计划出现了偏差，理由要么是计划报大了，要么是计划漏报了，而没有从问题的现实出发，认真分析形成的原因，以及下一步的纠正措施。

计划处置不到位。计划执行情况由于没有认真地分析，自然无法了解和掌握计划的进度、完成情况和存在的问题。即便通过别的部门发现了问题，也不检讨、反省、客观地分析存在问题的原因，进而找出改善措施，而是一味强调理由，推卸责任。问题发现后，措施也制定了，但在下期的计划中没有体现或纠正，致使问题长此以往地存在。

费用投入与收入（收益）不配比。花同样的钱，收益是一样的吗？花 100 元是否收到了 10000 元的收入或利益？计算过自身责任心不强或管理失误造成的隐性损失浪费吗？用钱的目的达到了吗，达到了多少，大家是否仔细计算过、分析过？

综上所述，管理工作中的七种浪费要比丰田生产方式所指出的生产现场中的七种浪费严重得多，解决起来也困难得多。因为生产现场中的浪费大多可以量化，而管理工作大多为软性指标，具有较大的弹性，要想进行量化和细化相对困难。而且大家大多司空见惯，多一事不如少一事，即使上级要求，也是紧一阵，松一阵，形成反复。而如果不能对管理工作中的浪费形成共识，齐抓共管，管理工作是很难持续有效地长期开展下去的。因此，对经营管理革新活动的艰巨性和长期性必须要有清醒的认识，要有打持久战的心理准备。

但是，管理工作中的浪费一旦在某种程度上被消除，可能会出现几何级数的放大效应。因此，我们要鼓足勇气，从消除点滴的管理浪费做起，向着经营管理革新的目标一步一步地坚定不移地走下去。

图书在版编目（CIP）数据

中层经理怎样当？. 角色定位篇 / 薛灿宏著. -- 北京：经济日报出版社，2021. 6

ISBN 978 - 7 - 5196 - 0853 - 8

Ⅰ. ①中… Ⅱ. ①薛… Ⅲ. ①企业领导学 Ⅳ. ①F272. 91

中国版本图书馆 CIP 数据核字（2021）第 106103 号

中层经理怎样当？角色定位篇

作　　者	薛灿宏
责任编辑	宋潇旸
助理编辑	陈礼滟
责任校对	温　海
出版发行	经济日报出版社
地　　址	北京市西城区白纸坊东街 2 号 A 座综合楼 710（邮政编码：100054）
电　　话	010 - 63567684（总编室） 010 - 63584556（财经编辑部） 010 - 63567687（企业与企业家史编辑部） 010 - 63567683（经济与管理学术编辑部） 010 - 63538621　63567692（发行部）
网　　址	www. edpbook. com. cn
E - mail	edpbook@ 126. com
经　　销	全国新华书店
印　　刷	北京文昌阁彩色印刷有限责任公司
开　　本	710 × 1000 毫米　1/16
印　　张	12
字　　数	119 千字
版　　次	2021 年 9 月第 1 版
印　　次	2021 年 9 月第 1 次印刷
书　　号	ISBN 978 - 7 - 5196 - 0853 - 8
定　　价	49. 00 元